엄마가 꼭 알아야 할
6학년 아이의
모든 것

엄마가 꼭 알아야 할
6학년 아이의 모든 것

초 판 1쇄 발행 2013년 3월 20일

지은이 김성현
펴낸이 이지은   **펴낸곳** 팜파스
기획·편집 박선희   **디자인** 최설란   **마케팅** 정우룡
인쇄 (주)미광원색사

출판등록 2002년 12월 30일 제10-2536호
주소 서울 마포구 서교동 404-26 팜파스빌딩 2층
대표전화 02-335-3681   **팩스** 02-335-3743
홈페이지 www.pampasbook.com | blog.naver.com/pampasbook
이메일 pampas@pampasbook.com

값 12,000원
ISBN 978-89-98537-06-7 (13370)

엄마가 꼭 알아야 할

6학년 아이의 모든 것

· 김성현 지음 ·

팜파스

contents

2장
까칠한 6학년,
어떻게 사랑할까?

3장
기적을 일으킬 마지막 1년,
6학년 이제는 공부 제대로 해보자!

4장
마냥 어려 보이는 내 아이, 어느새 중학생이구나!

5장
6학년 유비무환,
방학은 터닝포인트!

6학년 아이를 둔 학부모님들께

다음은 칼릴 지브란의 《예언자》(더 클래식)에 나오는 "아이들에 대하여"라는 글귀 중 일부다.

"아이들은 그대들을 거쳐서 왔으나 그대들에게서 나온 것은 아니며, 비록 그대들과 함께 지낸다 하여도 그대들의 소유물은 아닙니다. 아이들에게 그대들의 사랑을 주되 그대들의 생각까지 주지는 마십시오. 아이들 스스로도 생각할 줄 알기 때문입니다.

아이들의 몸이 머물 집을 주되 영혼이 머물 집은 주지 마십시오. 아이들의 영혼은 그대들의 꿈에서라도 감히 찾을 수 없는 내일의 집에 살기 때문입니다.

아이들과 닮아가려 애쓰되 아이들에게 그대들을 닮으라고 강요하지 마십시오. 삶이란 뒤로 돌아가는 것도, 어제와 함께 머무르는 것도 아니기 때문입니다.

그대들은 활이며, 그 활에서 아이들은 살아있는 화살처럼 앞으로 나아갑니다."

사춘기에 접어들어, 스스로 독립하고자 하는 6학년 아이들. 중학교 입학을 앞둔 초등학교 마지막 1년을 보내고 있는 아이들. 이제는 스스로 알아서 공부할 때가 되었는데 여전히 하나에서 열까지 챙겨줘야 하는 아이들. 부모의 마음과 다르게 자신의 고집대로만 행동하는 아이들.

이러한 6학년 아이들의 모습에도 불구하고 호흡을 가다듬고 바르게 교육시키고자 하는 학부모를 진심으로 응원한다. 6학년 아이들이 부모의 마음을 헤아리지 못하고, 어긋난 행동을 하더라도 부모가 기다리고 지지하는 모습을 다음과 같이 비유해볼 수 있다.

아이는 부모의 곁을 떠나려고 부모가 잡고 있는 손을 놓았지만, 여전히 부모 사랑의 울타리를 벗어나지 못하는 이유는 부모가 아이의 손을 잡고 있는 것이 아니라 손목을 잡고 있기 때문이다. 즉 아이는 부모에게서 손을 놓았지만 부모가 아이의 손목을 잡고 있기에 아이가 어디서 어떻게 방황하든 부모 안에 있는 것이다.

'기다림의 교육'을 많이 들어보았을 것이다. 아이가 다시 부모의 손을 잡을 때까지 부모는 기다리는 것이다. 누구나 스스로 독립하기 위해 발버둥치는 시기가 있다. 우리는 그것을 사춘기라 한다. 이 시간을 지나면서 조금씩 철들기 시작한다. 크게 성장하기 위한 성장통을 겪고 있는 것이다.

아이가 무서울 정도로 까칠하게 말하고 행동할 때가 있다. 당장은 아이의 그러한 모습에 부모도 상처 받고 상심하기 쉽다. 그러나 아이를 사랑하는 마음에는 변함이 없을 것이다. 그럴 때면 부모 마음을 다스리는 마법의 주문 세 가지를 읊어보았으면 한다.

"우리 딸, 아들. 까칠하지만 사랑해."

"그래도 건강해서 감사해."

"괜찮아. 시간이 조금 지나면 괜찮아질 거야"라고 말이다.

스티븐 코비 박사의 《성공하는 사람들의 7가지 습관》에 보면 유리그릇 안에 큰 돌, 작은 돌, 자갈, 모래를 모두 채우는 방법이 나온다. 먼저 큰 돌을 넣고, 작은 돌을 넣고, 이어서 자갈을 넣고 마지막으로 모래를 넣어야 한다. 만약 순서가 뒤섞이게 되면 유리그릇에 전부 넣을 수 없게 된다.

모든 것에는 일의 순서 즉 우선순위가 있다. 자녀교육에 있어 큰 돌은 부모와 자녀의 건강, 작은 돌은 부모와 자녀와의 애착관계, 자갈은 아이와의 많은 대화다. 그리고 모래에 해당하는 맨 마지막이 학업 성적이 될 것이다. 모래를 먼저 넣으면 나머지 것들을 넣을 수 없음을 명심해야 한다.

아이를 바르게 키우고자 하는 마음에 이 책을 들었을 부모들을 존경한다. 부모가 자녀교육을 위해 노력한다는 것만으로도 아이는 분명 바르게 자라고 있다고 믿는다. 이 책이 그러한 부모님들의 마음을 격려하고, 현실적으로 아이들을 어떻게 지도하고 코칭하는지에 대한 길잡이가 되었으면 하는 바람이다.

이 책에는 6학년 아이들의 모습을 다각도로 살펴보고, 이 시기에 아이들이 어떠한 생각을 하며 살아가는지를 담으려고 노력했다. 또한 6학년 자녀를 둔 부모로서 어떻게 자녀교육을 하면 좋을지도 정리하였다. 또한 학습에 대해서는 중학교 공부를 대비해서 6학년 방학과 학기 중에 준비해야 할 부분도 적었다.

6학년 아이를 둔 부모님들에게 조금이나마 힘이 되고 도전을 심어줄 책이 되길 소망한다. 이 책이 나올 수 있도록 능력을 주신 하나님께 깊은 감사를 전한다. 책을 기획하고 출판에 이르기까지 많은 도움을 주신 팜파스 출판사 사장님과 박선희 에디터님께 감사드린다. 또한 사랑하는 아내 김은혜 선생님, 예쁜 두 딸 예원이, 예린이, 울산과 뉴욕에서 늘 자식들을 기도로 응원하시는 부모님께도 진심으로 감사의 인사를 전한다.

마지막으로 한신초등학교 동료선생님들과 나의 사랑스런 제자들 40회 6-3반, 41회 6-2반 친구들에게도 고마움을 전한다.

어른들은 절대 모르는
6학년 아이들의
학교생활

1장

6학년 아이들의 고민거리 vs 엄마들의 고민거리

초등학교의 마지막 학년이자 예비 중학생. 이 복잡다단한 시기를 맞이하는 아이들의 표정은 어떨까? 초등학생에서 중학생으로, 어린이에서 청소년으로, 역할의 큰 성장을 맞이하는 아이들. 마치 어떤 큰 변화를 일으키고, 또 받아들여야 할 것 같은 설렘과 불안감이 가득하다. 전과 같지 않게 성적이 더욱 신경 쓰이고, 이해받고 싶다는 욕구가 강해진다. 들쭉날쭉한 기분은 어디론가 튀어버리고 싶은 충동을 일으키기도 한다. 이른바 '초6병'이다.

엄마들은 또 엄마들대로 복잡다단하다. 부쩍 성장해가는 아이들을 보고 있자면 과연 어떤 진로를 택해 자신의 미래를 밟아갈지 걱정이다. 이제 자신의 손을 떠난 것 같으면서도 돌아보면 아이는 여전히 자신의 품에 있는 기분이다. 아이의 초등학교 6학년 시기를 어떻게 마무리하고, 어떻게 예비 중학 시절을 맞이하게 도와야 할지 머리가 지끈거린다. 이렇듯 엄마와 아이의 마음이 같으면서도 전혀 다른 시기. 바로 초등학교 6학년이다.

날 좀 이해해주세요! - 6학년 아이들의 고민거리

나는 6학년으로 진급한 우리 반 아이들이 어떤 심리 상태로 학교생활을 할지 주의 깊게 살펴보았다. 최고 학년이라는 타이틀이 아이들에게 어떤 마음가짐을 안겨다 줄까? 아이들의 고민과 생각을 알아보고자 설문조사를 실시해봤다. 질문 중 하나가 "6학년이 된 여러분의 고민거리는 무엇입니까?"라는 것이다. 아이들의 대답은 가지각색이었는데, 크게 3가지로 요약할 수 있다.

첫째, 성적 문제다. 성적이 자신의 목표만큼 오르지 않는 것도 고민이지만, 가장 큰 걱정은 부모님이 원하는 성적에 도달하지 못하는 것에 대한 불안이었다. 학교 공부는 날로 어려워지는데 부모님은 늘 '공부해라. 공부해야지.'라는 말만 계속한다. 설문 결과, 아이들은 이에 대한 불만이 꽤 크다는 걸 알 수 있었다.

성적이 우수한 아이도 예외는 아니다. 성적이 좋지 않은 아이들은 높은 성적을 얻어야겠다는 생각이 앞서지만, 이미 최상위권의 아이들은 혹시 성적이 떨어지진 않을까 하는 불안에 사로잡혀 있었다.

중요한 것은 아이들이 성적에 대해 크게 걱정하지 않는 듯 보이지만, 실제로 많은 아이들이 6학년이 되면서, 즉 최고 학년이 되면서 성적에 대해 욕심을 갖고 있고 또 걱정한다는 것이다.

둘째, 친구 문제다. 아이들은 친구관계에 대해 관심이 많다. '6학년이 되어 새로운 친구들과 잘 지낼 수 있을까' '혹시 함께 놀 친구가 없지 않을까' '왕따를 당하진 않을까' 하는 생각이 매우 많았다. 특히 5학년 때 친하게 지냈던 친구들과 모두 흩어져 다른 반으로 배정받은 아이들의 경우, 학기 초에 자기 반에 적응하지 못하고 쉬는 시간마다 다른 반에 가서 친한 친구랑 놀기도 한다.

누구나 새로운 환경에 대한 막연한 불안감이 있듯, 아이들도 마찬가지다. 특히, 또래의 영향을 많이 받는 6학년 아이들은 친구관계에 많이 예민하다. 아이들이 '학교에 가고 싶다'는 것은 '친한 친구들을 만나고 싶다'는 의미이고, '학교에 가기 싫다'는 말은 '같이 놀 친구가 없다'는 것으로 해석이 가능하다. 학교생활에서 친구라는 존재는 아이들에게 절대적이다.

마지막으로, 부모님과의 갈등이다. 초등학교 고학년이 되면서 아이들은 자신만의 공간, 자신만의 시간을 소유하고 싶어한다. 헌데 부모님은 이것을 인정해주지 않는 것이다. 스스로 공부를 하려고 해도 눈에 보이는 성적 상승이 없으면 부모님이 학원에 보낸다. 아이가 집에서 나름의 계획에 따라 쉬는 시간을 가지고 있음에도 불구하고 부모님은 걱정이 되어 잔소리를 하고 만다.

옆집 친구, 동생, 사촌과의 비교 등은 아이들에게 큰 스트레스가 되고 있었다. 게다가 아이들이 좋아하는 컴퓨터 게임, 드라마 등은 부모님이 제일 싫어하는 것이다. 부모님과 대화하고 싶지만, 부모님은 늘 잔소리부터 시작한다는 것이 아이들의 공통적인 목소리였다.

아이와 대화한다는 것은 아이의 이야기를 듣고 또 들어줄 준비가 되었다는 것을 의미한다. 갈등의 실마리를 풀기 위해 대화하는 것임을 되새겨봐야 할 것이다.

덧붙여 아이들은 "부모님께 하고 싶은 말이 무엇입니까?"라는 질문에 대부분이 "컴퓨터 게임을 하게 해주세요." "저를 믿고 지켜봐주세요." "잔소리는 그만하세요." "○○○ 하게 해주세요." 같은 요청의 메시지가 많았다.

점점 마음은 조급해져요 - 6학년 부모들의 고민거리

자, 그렇다면 초등학교 6학년이 되는 자녀를 바라보는 부모님들은 어떤 고민을 하고 있을까? 아이들의 고민과 비교해볼 때, 부모님들은 꽤 다른 생각을 하고 있었다. 학년 초 학부모 공개수업, 학부모 총회,

상담을 통해 학부모의 걱정을 들어본 결과, 3가지로 요약된다.

첫째, 단연 학습이다. "우리 애가 공부를 안 하려고 해요." "책 읽는 것을 싫어하네요." "집에서 책상에 앉아 있는 꼴을 못 봐요." "다른 애들은 안 그렇다던데……." "우리 애 성적이 하위권이니 다른 엄마들과 말하기도 싫고 부끄러워요."

자녀가 공부를 잘하기를 바라는 것은 모든 부모의 마음일 것이다. 그런데 '우등생'이라는 꽃은 오랜 인고의 시간을 거친 후 피는 꽃이다. 아이와의 정서적 교감이라는 거름도 주고, 지속적인 관심이라는 햇볕도 주고, 부모의 현명한 코칭이라는 물도 줄 때 비로소 핀다. 이렇듯 학습력이 높아지기 위해서는 여러 가지 요건이 필요한데, 물도 거름도 햇볕도 주지 않고 오로지 꽃이 피기만을 기다리는 부모들도 많이 있다. 자녀 교육에 있어 스스로의 모습을 차근차근 되짚어봐야 하는 이유는 이 때문이다. 모든 일에는 과정이 있고, 이것을 성실히 해나가야만 자연스럽게 열매를 맺게 된다.

둘째, 생활적인 부분이다. "집에만 오면 컴퓨터 게임이에요." "스마트폰을 몸의 일부처럼 가지고 다녀요." "부모님 말을 들으려 하지 않아요." "조금만 잔소리하면 오히려 애가 더 큰소리를 쳐요."

부모님의 하소연을 들어보면 자녀의 생활기준이 모두 '모범생'에 맞추어져 있음을 알 수 있다. 부모들은 아이가 자기 할 일도 척척했으면 좋겠고, 부모님께 효도하고, 부모님 말씀도 잘 들었으면 하고,

착실한 아이가 되었으면 한다. 그런데 이 모든 것이 완벽한 아이가 어디 있을까? 혹 그런 아이가 있다면 이미 '아이'라고 부를 수 없는 경지일 것이다. 아이에게 무언가 부족하니까 부모가 있는 것이고, 아직 스스로 자기 일을 할 수 없기 때문에 아이인 것이다.

아이와 부모는 서로 생각하는 것이 다르다. 부모는 부모의 눈으로 아이를 바라보고, 아이는 아이의 눈으로 세상을 보고 있기 때문이다. 서로의 눈높이를 맞추고 세상을 함께 바라보는 연습이 필요하다. 그리고 아이에게 일어나는 일에 대해서는 아이의 입장에서 먼저 생각해보는 연습을 해야 한다. 결국 부모가 아이의 곁으로 조금 더 다가가려고 노력해야 한다.

마지막으로 '조급증'이다. 이것은 한국 사람의 냄비 정신, '빨리빨리' 정신에서 기인한 것이다. 자녀교육에서도 자신이 어떤 해결책을 썼으면 빨리 그 효과가 나오기를 바라는 것이다.

"이 학원에 맡겼는데, 아이의 중간고사 점수가 제자리네요."

"선생님의 말씀을 듣고, 보상체계를 갖추어서 집에서 아이를 지도하는데 아직 별 효과가 없어요."

"어학연수를 두 달 갔다 왔는데 영어에 대한 흥미를 크게 느끼지 못하네요."

투입이 있으면 산출이 있는 것은 당연하다. 그러나 교육에 있어서는 그 반응속도가 늦다. 임계점이 높은 편이다. 물은 99도씨까지 아무런 변화가 없다가 100도씨에 도달하면 끓게 된다. 교육도 마찬가지다. 교육을 통해 서서히 변화가 보이는 경우도 있지만, 대부분 임계점을 넘어야지만 변화가 시작된다. 그 임계점을 돌파하지 못하면 변화를 맞이할 수 없다는 것이다. 그런데 임계점은 아이마다 다르다는 것을 명심하자. 즉 기다리는 부모가 되어야 한다.

조급증을 내는 부모의 마음 역시 이해는 간다. 아이의 긍정적인 변화를 바라는 마음이 그만큼 간절하다는 것이다. 그런데 아이의 입장에서 보면 이것은 부모가 불안해하는 것처럼 비춰질 수 있다. 혹은 계속적으로 교육을 강요하는 것처럼 보일 수도 있다. 6학년쯤 되면, 부모의 마음을 어느 정도 헤아릴 수 있고, 부모의 진심도 느낄 수 있다. 그러니 아이를 믿고 천천히 그러나 꾸준히 아이를 격려하고 기다려주어야 할 것이다.

초등학교 6학년이 된 자녀를 바라보며 부모는 이것만 스스로 물어보자. 얼마나 아이를 이해하려고 애썼을까? 지금껏 아이의 입장에서 생각하고 말한 적이 얼마나 되는가? 부모도 유년시절을 떠올려 보면 지금 아이의 행동과 말이 조금은 이해될 것이다. 어쩌면 부모 자신이 너무 싫어한 모습으로 아이가 행동하고 있어서 더 안타깝고 고쳐주려 애쓰는 건지도 모른다.

아이의 사고와 행동은 부모가 만든 것이다. 부모의 유전자를 물려받았고, 지금까지 부모의 언행을 지켜보며 자랐기 때문이다. 아이의 모습 가운데 싫고, 안타까운 모습이 있다면 부모가 먼저 자신을 인정하고 고쳐나가도록 마음먹어 보자. 현명한 부모가 되기 위해 자신을 되돌아보고, 지금처럼 변화하려는 마음의 끈을 놓쳐서는 안 된다.

보상, 아이의 도덕성을 해치는 위험한 거래

6학년 초, 아이들의 수업태도는 참으로 놀라지 않을 수 없다. 새 학년을 맞이하고, 더구나 6학년을 시작하면서 아이들은 나름대로 매우 비장해진다. 비장한 각오로 수업시간에 임하기 때문에 공부에 열중하는 것도 남다르다.

"선생님, 저는 초등학교 졸업하기 전에 올백을 맞아보고 싶어요."

"6학년이 됐으니 이제 예습, 복습을 잘해보려구요."

"선생님, 저는 평균 90점을 맞고 싶어요."

"선생님, 저는 졸업할 때 우등상을 받아보고 싶어요."

이렇듯 아이들은 각자 목표를 가지고 6학년을 시작하게 된다.

공부에 있어 이러한 목표를 가지는 것은 참 좋다. 그런데 이러한 목표들이 자칫 아이들에게 독이 되는 경우가 종종 있다. 목표를 달성하면 부모들이 가장 먼저 기뻐하고, 선생님에게도 남다른 관심과 칭찬을 받을 수 있기 때문에 수단과 방법을 가리지 않고 좋은 결과만을 얻으려는 것이다.

부모들은 흔히 아이의 시험 결과가 좋으면 어떠한 보상을 해주겠다고 이야기한다. "~~하면, ~~~줄게." 같은 말을 자주 한다. 그런데 가만히 살펴보면 이것은 보상이 아닌 거래를 하고 있는 셈이다. 아이가 100점이라는 기쁨을 준 것에 대해 아이에게 반대급부로 원하는 것을 주겠다는 엄연한 거래다.

아이가 초등학교 6학년쯤 되면 이것은 '아주 위험한 거래'가 될 수 있다. 부모의 취지는 아이가 계획을 세워 열심히 노력하게 만들기 위한 동기 부여지만, 이것 때문에 아이들은 자칫 수단과 방법을 가리지 않고 점수만 받으면 된다고 생각할 수도 있다.

한 사례를 살펴보자. 한 6학년 아이는 시험을 앞두고 책상 위에 암기가 힘든 용어들을 적어놓고 시험지에 옮겨 쓰다가 감독관에게 발각되었다. 결국 영점 처리가 되었다. 아이는 당황했고, 담임교사와 상담시간을 가졌다.

"어떻게 그런 행동을 하게 되었니?"

아이는 울먹거리면서 말했다.

"엄마가 100점 맞으면 새 컴퓨터를 사준다고 했어요. 그래서⋯⋯."

"딴 아이들 말로는 이번이 처음이 아니라고 하던데⋯⋯."

"⋯⋯실은 지난번 시험에서도 그랬어요."

더욱 놀라운 것은 이 학생은 평소 이마에 '모범'이라는 글자를 새기고 다닐 정도로 언행이 바른 아이란 것이다. 담임교사는 물론, 그 누구도 이 아이가 그런 행동을 할 거라고는 예상하지 못했다. 지나친 부모의 욕심이 아이가 그릇된 선택을 하는 동기가 되어버린 것이다. 아이와 위험한 거래를 하는 동안 아이는 과정이 옳지 않은 것인가에 대한 판단 능력을 잃어버렸다. 오로지 자기가 원하는 결과만을 얻는 데 집중되어 있었다.

그러면 어떻게 하는 것이 좋을까?

'평균 95점을 받으면 놀이동산에 가자'는 결과 지향적 목표를 제시하지 말고, 과정에 초점을 맞춘 목표를 세워야 한다. '학습플래너를 꾸준히 작성하고 성실하게 1달 동안 실천하면 놀이동산에 가자'는 식이다. 과정이 좋으면 결과는 대부분 좋다. 때론 과정은 좋은 반면 결과가 좋지 않을 때도 있지만, 부모는 열심히 노력한 과정을 칭찬의 대상으로 삼으면 된다.

그런데 결과를 목표로 삼으면, 아이는 요행을 바라거나 부도덕한 방법을 써서라도 결과만 얻으면 된다는 생각을 가질 수도 있다. 즉 수단과 방법을 가리지 않고 부모가 원하는 결과만을 얻고자 한다.

아이의 도덕성과 자기관리 능력에는 어떤 밑바탕이 필요할까?

아이의 도덕성과 자기관리 능력은 어떻게 키워질까? 먼저 아이 스스로 중요하다고 생각하는 가치와 판단 능력이 키워져야 자기관리도 가능해진다. 부모가 '이것이 좋아, 저것이 좋아.'라고 이야기해주기보다 아이 스스로 어떠한 중요한 가치를 발견하고 이를 목표 삼아 달성하려는 마음가짐을 갖도록 이끌어주는 것이다.

6학년 아이들은 저학년 때의 마냥 아이 같은 순수함은 점점 사라져가고, 현실의 눈이 키워지는 시기다. 성적을 두고 아이와 거래하기보다, 공부에 임하는 자세에 대한 보상을 주는 것이 필요하다.

주찬이 아빠는 아이의 도덕성을 키워주기 위해 스스로 도덕 교과서가 되기를 자처했다. "주찬이는 어른들을 뵈면 부모가 먼저 '인사를 해야지'라고 말해야 마지못해 인사를 해요. 6학년인데도 인사하는 게 어색하고 몸에 베이지 않은 것 같아요. 그래서 아파트에서 만나는 사람마다 제가 먼저 인사하기로 했어요. 사실 저도 처음에는 겸연쩍었는데, 계속 인사하다 보니 오히려 제가 기분이 좋아지더라고요. 제가 인사하는 모습을 주찬이에게 많이 보여주려고 해요."

예본이 엄마는 자신이 긴장의 끈을 조금 놓으면 아이 앞에서 다른 사람의 험담을 하고 있다는 걸 깨달았다. 이제는 '남 탓 금지, 험담 금지'란 말을 마음속에 새기고 지낸다. "제가 전화로 친구들과 수다를 떨다가 대화 소재가 떨어지면 다른 사람 험담을 하고 있더라고요. 그리고 잘못된 일이 있을 때 다른 사람 탓으로 돌리는 경우도 종종 있고요. 그래서 정말 속상한 일이 있어 남편한테 이야기할 때를 제외하곤, 가급적 다른 사람의 장점만 이야기하려고 해요."

우리 아이의 도덕성이 낮다고 탓해서는 안 된다. 아이는 부모의 모습을 보고 도덕성을 익히기 때문이다. 부모에게 배울 것이 없다면, 그만큼 아이의 도덕성도 부족해진다. 일선 현장에서 '학생의 질은 교사의 질을 뛰어넘을 수 없다고 이야기한다.'라고 흔히 말한다. 가정에서도 동일하다. '아, 엄마 아빠의 저런 모습은 본받아야겠다.' '나도 저렇게 행동해야겠다.'라는 모습을 보여주어야 한다.

저학년 때는 벌이 무서워서 어떠한 규칙이나 예절을 지켰다고 한다면, 6학년 때는 스스로 마음의 울림 없이는 행동의 변화가 없다. 다시 말해, 저학년 때는 다소 강압적인 리더십을 발휘해서 지도가 가능했다면 6학년 아이들에게는 다른 방식으로 지도해야 한다. 감동, 감화의 리더십이다. '우와, 우리 부모님은 겸손하시고, 바르게 살아가시는구나.'라는 모습을 보여주는 것이다. 작은 말과 작은 행동들이 모여서 큰 변화를 이끄는 것이다.

영국 속담에 이러한 말이 있다. '하루의 행복을 원하는가. 이발소를 가라. 한 달간의 행복을 원하는가. 말을 사라. 일 년간의 행복을 원하는가. 결혼을 하라. 일생의 행복을 원하는가. 정직하게 살아라.'

아이에게서 받는 최고의 찬사는 가장 존경하는 인물이 "부모님"이라고 답하는 것이다. 아이에게 평생 행복해질 수 있는 방법을 유산으로 물려주기 바란다. 아이가 부모의 안내에 따라 찾은 소중한 가치를 스스로 목표로 삼고 노력해나갈 수 있도록 해야 할 것이다.

오늘은 또 어떤 일이 일어날까?
- 다이내믹한 6학년 교실현장

6학년 담임을 하면서 '하루하루가 참 흥미진진하다'는 생각을 자주 한다. 생각하지도 못한 사건과 해프닝들이 계속 일어나기 때문이다.

수업 끝을 알리는 종이 울리자 30명의 학생들은 어디로 갔는지 교실 안은 1~2명만 남아 있을 뿐이다. '전부 화장실에 갔나?' 화장실에 가 보아도 학생들은 몇 명 없다. 아이들은 저마다 친한 친구들과 삼삼오오 모여서 복도와 계단에 앉아 있다. 모두 학교가 끝나면 각자 스케줄에 따라 학원에 가는 터라 모여 앉아 이야기할 시간이 없기 때문이다. 아이들에게 학교에 오는 이유가 뭐냐고 물으면 "친구들이랑 재미있게 놀려고요."란 대답이 상당수다. 특히 여자아이들은 복도에 둥글게 앉아 귓속말을 쑥덕쑥덕 나누고 즐거워한다. 여자아이들은 학년 초에 같이 노는 무리가 한번 정해지면 1년 내내 거의 변함이 없다. 특히 6학년 여자아이들은 자기 것, 자기 친구, 자기 영역을 중요시한다. 보통 한 학급에 여자아이들 그룹이 2~3개로 나뉘어 그룹별로 밥을 먹고, 함께 놀고, 숙제와 공부도 한다.

여자아이들의 주된 관심사는 무얼까? 단연 '연예인'이다. 요즘 유행하는 아이돌 그룹과 인기가요를 함께 흥얼거리고 '누가 잘생겼다, 누가 더 멋있다'는 이야기를 나눈다. 6학년 아이들에게 더 가까이 다가가기 위해 최신 인기가요 1~2곡의 후렴구 정도만 알아도 아이들은 무척 반가워한다.

이에 반해 남자아이들은 여자아이들에 비해 정신적으로 신체적으로 비교적 어린 편이다. 남자아이들의 대화주제는 대부분 컴퓨터 게임과 스포츠다. 인터넷 게임의 계급이 어떠하고, 지난 프로야구에서 어느 팀이 역전승을 했다는 등 주로 승부와 관련된 대화를 한다. 쉬는 시간이 되면 우유팩, 장기 알, 지우개 따위를 차는 축구게임, 만화 캐릭터의 카드 게임, 몸을 뒤엉켜 겨루는 등 다소 역동적인 활동을 한다.

학교에서 남학생과 여학생이 함께 어울려 노는 시간은 체육시간이 대표적이다. 남학생과 여학생을 섞어 팀을 만들면 팀 전략을 짜거나,

자신의 팀을 응원하면서 자연스럽게 어울리게 된다. TV 개그 프로그램의 유행어를 말하면서 공감대를 형성하기도 한다.

새로운 일을 만들고 싶어하는 아이들

"선생님, 6학년 아이들이 쉬는 시간 종이 치면 옥상에 많이 모여 있어요. 몇 반 학생들인지 모르겠는데 지도 부탁드려요."

동료 선생님에게서 당부의 말을 듣고 곰곰이 생각했다. 아닌 게 아니라 며칠 전부터 우리 반 아이들이 쉬는 시간 종이 울리면, 썰물이 빠지듯이 교실 밖으로 나간다. 그리고 교실을 지키는 학생은 고작 2~3명뿐이다. 여학생들에게 물으니 이렇게 이야기해주었다.

"선생님, 쉬는 시간마다 남자아이들이 옥상에 가요."

"무얼 하는지 알려주지도 않고 자기들끼리 비밀 이야기만 해요."

옥상에 간다니. 이야기를 들으니 놀라움은 더욱 커져갔다. 아침 조회시간이 되자 나는 학생들에게 당부의 말을 했다.

"요즘 6학년 아이들이 옥상에 출입한다는 이야기를 들었어. 옥상은 위험한 요소가 많이 있기 때문에 가면 안 된단다. 절대 출입하지 않도록 해. 알았지?"

하지만 아침에 생활지도를 했음에도 쉬는 시간의 썰물현상은 멈추지 않았다. '아이들이 어디 갔을까?' '또 옥상에 가지는 않았겠지.' 이런저런 생각을 하며 아이들을 찾아 화장실, 복도, 다른 교과 교실 등을 둘러보았지만 우리 반 아이들이 없다.

'그럼. 설마 옥상에?'

나는 아이들을 찾아 쉬는 시간에 조용히 옥상에 급습했다. 아이들은 선생님의 인기척을 듣고 재빨리 옥상을 빠져 나오고 있었다. 남자 아이들을 6명 붙잡고 여기서 무얼 했냐고 물었다. 그러나 아이들은 하나같이 꿀 먹은 벙어리가 되어 아무 말도 하지 않고 죄지은 사람처럼 고개를 푹 숙이고 있었다. 결국 언성이 높아졌다.

"아침에 선생님이 옥상에 올라가지 말라고 했는데 또 올라왔구나. 왜 그런 거니?"

그러자 한 아이가 어렵게 말문을 열었다.

"저… 저희가 햄스터를 키우고 있었어요."

아이들의 말에 나는 깜짝 놀라 반문했다.

"햄스터를 키운다고?"

며칠 전, 한 학생이 나에게 다가와 햄스터를 학교에서 키워도 되냐고 물은 적이 있었다. 햄스터가 학교환경을 더럽히지 않을까 걱정스러운 마음에 집에서 키웠으면 좋겠다고 대답했다. 그런데 아이들은 교실이 아닌 옥상에서 몰래 햄스터를 3일째 키우고 있었던 것이다.

"이 햄스터는 누가 사준 거야?"

"저희 6명이 돈을 모아서 마트에서 샀어요."

"학교 옥상에서 기르려고 한 거야?"

"아니오. 태훈이 집에서 3일 기르다가 오늘은 기석이 집으로 이사가는 날이에요. 돌아가면서 며칠씩 기르는데 오늘 이사 가는 날이라 학교에 온 거예요."

아이들의 말에 마음이 짠해졌다. 햄스터가 그늘진 곳을 좋아한다고 그늘진 곳에 보금자리를 두었고, 먹이는 깔끔하게 정리되어 있었다. 남자아이들의 정성이 이럴 수도 있나 싶을 정도였다. 선생님을 속였다는 것에 화가 났지만, 아이들의 순수한 마음이 나를 녹였다.

"하고 싶은 말이 있니? 어떤 말이든 해봐. 들어줄게."

"선생님, 몰래 학교에서 햄스터를 키워서 죄송해요. 그런데 학교에서 친구들하고 햄스터를 키우도록 허락해주세요."

삼성의 이건희 회장이 자녀들의 인성교육을 위해 애완동물을 키우게 한다는 글을 본 적이 있다. 아들에게 애완동물을 기르게 함으로써 관계 지능과 배려심을 가르쳤다고 한다. 아이들의 정성이 지극해서 교실에서 햄스터를 키우게 되었다. 햄스터 덕분인 걸까? 아이들의 수업태도가 덩달아 조금씩 좋아졌다.

쉽게 지루함을 느끼는 아이들은 늘 새로운 활동을 찾는다. 카드 게임, 실뜨기, 딱지치기, 알까기, 보드 게임, 고무줄 놀이 등 아이들의 관심사와 놀이는 자주 바뀐다. 6학년 교실은 매일 흥미진진한 영화관 같다. 다투고 화해하고, 신 나게 웃다가 펑펑 울고, 시끄럽다가도

침묵이 흐르기도 하고, 참 열심히 놀다가 집중해서 공부하기도 한다.

교실에서도 늘 새로운 일을 만들려고 하는 아이들은 가정에서도 마찬가지일 것이다. 햄스터에 흠뻑 빠진 아이들. 카드 게임, 알까기에 몰입된 아이들. 모두 '한때'다. 아이들의 관심사가 계속 바뀌는 것이다. 그래서 6학년 교실은 늘 다이내믹하다. 오늘도 출근하면서 생각한다. '오늘도 또 무슨 일이 있을까?'라고 말이다.

사실 남친, 여친은 다들 있어요
- 6학년 아이들의 이성교제

수업을 마치자마자 학부모에게 전화가 걸려 왔다.

"선생님, 우리 아이 휴대폰 사진을 보다가 조금 놀랬어요. 우리 아이 반 남자아이와 다른 반 여자아이가 빈 교실에서 가까이 앉아 손잡고 다정하게 찍은 사진을 봤거든요. 요즘 아이들의 이성교제가 어른들이 연애하는 것과 별다른 게 없는 것 같아요. 우리 아이 말로는 점심시간에 빈 교실에 들어가 자주 손잡고 이야기한다는군요."

"네. 많이 놀라셨겠어요. 일단 아이에게 사진을 두고 다그치거나 혼내지 마시고 진지하게 이야기를 나누어보세요."

"네. 선생님, 우리 아이도 친구들의 모습을 보고 혹시 부러워하진 않을까요? 친구들 사이에서 이성교제가 유행이 돼서 너도나도 이렇게 행동하지 않을까 걱정이 돼요. 이번 일도 아이 휴대폰이 고장 나서 서비스센터에 가는 길에 우연히 사진을 보게 된 거에요. 좀 당황스럽더라고요."

대화의 주인공인 남학생과 여학생은 다소 내성적이라 자기표현을 잘하지 않는 학생들이다. 또한 학교성적은 우수하지만 가정과 학교에서 이중생활을 하는 학생이다. 부모님이 맞벌이라서 아이에 대해 정확히 파악하지는 못하고 있었다.

"안녕하세요. 태훈이 담임입니다. 요즘 태훈이는 가정에서 잘 지내고 있나요? 태훈이가 학교에서 여학생과 이성교제를 하는데 알고 계신지요."

"글쎄요. 처음 듣는 이야기이네요."

태훈이가 옆 반 여자친구 규빈이와 사귄 지는 3개월이 넘었다. 추석 때 받은 용돈으로 반지를 사서 여자친구에게 선물하고 수업시간에 연애편지를 쓰다가 걸리기도 했다. 최근 들어 규빈이와 스킨십도 자주 하고, 밤늦게까지 문자 메시지를 주고받는 경우도 많다고 해서 부모님께서 관심을 가져야 할 것 같아 연락드린 것이다.

"그래요? 우리 태훈이는 그런 아이가 아닌데……. 집에서는 책 보고 숙제하고 착실하게 생활하고 있어요. 제가 생각하는 태훈이의 모습과 달라 많이 놀랍네요."

초등학교 6학년들은 자신의 이미지를 만들어낼 수 있다. 아이들은
부모에게 착실한 아들, 딸의 모습으로 보이는 방법을 너무나 잘 알고
있다. 또한 선생님에게도 마찬가지다. 그래서 아이가 무슨 생각을 하
고 어떤 것에 관심을 가지는지는 면밀하게 관찰하고 대화하지 않으
면 알 수 없다.

학교에서 태훈이과 규빈이를 차례로 불러 이야기를 나누었다.

"태훈아, 요즘 얼굴이 환한 걸 보니 좋은 일들이 많은 것 같구나.
친구들에게 들으니 여자친구가 있다던데."

"네. 만난 지 4개월 정도 됐어요."

"그래. 좋아하는 친구가 생겨서 좋겠구나. 남자가 여자를 좋아하고
여자가 남자를 좋아하는 것은 당연한 일이야. 그런데 이성교제를 하
면서 지켜야 할 것들이 있을 것 같은데 무엇이 있을까?"

"음……. 글쎄요. 바람 피우지 않기. 연락 자주하기. 사랑한다고 말
하기."

아이의 말에 큰 웃음이 터질 뻔했지만 자칫 분위기가 굳어질까 봐
웃음을 꾹 참았다. 평소 드라마를 즐겨 보는 아이라서 드라마 주인공
들의 말을 생각해서 이야기하는 것 같았다.

"음. 태훈아. 그런 것도 물론 중요하지. 그런데 가장 중요한 것은
먼저 부모님께 알리는 거야. 태훈이가 규빈을 좋아하기 때문에 태훈

이의 작은 비밀도 모두 이야기하게 되지? 부모님은 태훈이를 낳고 길러주시면서 너를 무척 사랑하고 아끼셔. 또한 태훈이도 부모님이 정말 소중한 분들이잖아. 그래서 부모님에게 비밀이 없어야 해."

"하지만 엄마 아빠한테 이야기하면 혼내실 것 같아요."

"글쎄. 태훈이는 그렇게 생각하는구나. 그런데 용기를 내어 말씀드리면 오히려 태훈이가 좋아하는 규빈이가 어떤 친구일지 궁금하실 거야. 또 한 가지 중요한 것은 태훈이가 지금 해야 할 일을 잊어서는 안 된다는 거지. 태훈이는 지금 학생이잖아. 해야 할 일을 잘하면서 여자친구를 만난다면 바람직하겠지만, 규빈이를 만나면서 공부에 소홀해진다면 부모님은 어떻게 생각하실까?"

"여자친구를 만나면서 성적이 떨어진다고, 아마 그만 만나라고 하실 것 같아요."

"그래. 부모님의 걱정은 그런 거야. 그러니 너의 할 일을 다 하면서 좋은 친구로 규빈이를 만나면 좋을 거야."

아이와의 대화는 순조롭게 흘러갔다. 초등학교 6학년이 되면 남자친구, 여자친구는 사실 그리 어색한 단어가 아니다. "누구와 누가 사귀어요."라는 말도 쉽게 들을 수 있다. 어느 날 아이들에게 "사귀는 게 뭔데?"란 질문을 던졌다. 그러자 아이는 그런 것도 모르냐는 듯이 "둘이 손잡고 이야기하고 스킨십 하는 거예요."라고 말해 매우 놀란 적이 있다. 시대가 빠르게 변하는 만큼 어린이들의 생각도 빠르게 성숙한 것이다. 부모 세대 때와는 사뭇 다른 양상이다.

아이들의 이성교제, 부모는 어떻게 대처해야 할까? ✒

아이가 학교생활에 대해 이야기하다가 혹은 TV 시청 중에 이성교제와 관련한 주제가 나올 때 자연스럽게 아이들에게 질문해보는 것이 좋다.

"너희 학교에도 남학생(혹은 여학생)을 사귀는 친구가 있어?" "우리 재은이는 이성친구 사귀는 거 보면 어떠한 생각이 들어?" "남친(여친)을 사귀면 뭐가 좋고, 뭐가 나쁠까?" 같은 질문으로 아이의 생각을 들어보는 것이 매우 중요하다.

그런데 부모의 대화 태도가 훈계나 가르치려는 태도라면 아이는 마음의 문을 닫을 것이다. 대부분의 아이들이 부끄러워하고, 속마음을 감추려는 주제이기 때문이다. 따라서 부모는 "우리 재은이가 이제 다 컸구나. 남자가 여자를 좋아하고 여자가 남자를 좋아하는 것은 당연한 거지."라면서 이성문제에 대해 부모와 자연스럽게 이야기할 수 있는 분위기를 만들어야 한다.

'아직 철도 들지 않았는데 벌써부터 이성친구를 사귄다니 말도 안 돼!' 같은 고전적인 생각으로 접근한다면 아이는 더 이상 부모에게 아무 이야기도 털어놓지 않을 것이다. 게다가 이성교제를 드러내지

==않은 채 음성적으로 하고, 친구들에게만 고민을 털어놓을 것이다.==

아이가 이성친구를 만나는 것은 다른 뜻으로 해석하면 내 아이가 매력 있고 친구들에게 인기가 있다는 반증이기도 하다. 아이가 학생이고, 미성년이니 부모의 현명한 지도가 필요할 것이다.

6학년이 되면서 아이들은 이성교제에 대해 한 번쯤 생각해보게 된다. 그리고 이성교제를 하는 친구들의 모습을 보면서 이에 대해 학습하게 된다. 아이가 직접적이든 간접적이든 이성교제에 대한 이야기를 부모에게 할 때, 다음 세 가지 사항을 넌지시 일러주었으면 한다.

첫째, 이성친구가 생기면 엄마 아빠한테도 소개시켜주게 한다. 공개적인 이성교제로 건전한 만남이 될 수 있도록 방향을 잡아주는 것이다. 또한 아이가 이성친구로 인해 문제가 생기면 자연스럽게 부모와 상담할 수 있도록 만드는 것도 중요하다.

둘째, 남자친구, 여자친구에게 서로 예의를 지키게끔 한다. 자기가 싫어하는 것을 요구할 때는 "NO"라고 당당히 말하고, 상대방에게 무리한 것을 요구하지 않도록 한다. 특히 스킨십이나 금전관계, 늦은 귀가 등에서 문제가 되지 않도록 이야기한다.

셋째, 이성교제로 인해 자기 본연의 임무를 잊지 않도록 이끌어주어야 한다. 모든 일을 제쳐두고 이성친구에게 너무 집착하거나, 자신의 일을 소홀히 하지 않도록 약속하는 것이다.

내 친구의 목소리가 더 중요한 6학년 아이들

6학년 아이들에게 학교 가는 목적은 '친구를 만나러 가는 것'이라고 이야기해도 과언이 아니다. 그만큼 친구는 참 소중한 존재다. 그래서 친구관계가 어긋나면 학습뿐만 아니라 생활 전반에서 무기력해지기도 한다. 그래서 이 시기 아이들의 친구관계를 유심히 살펴볼 필요가 있다.

6학년 아이들은 친구들과 친하게 지내면서도 학습적인 부분에서는 선의의 경쟁을 하기도 한다. 어떠한 의견이 일치되는 면에서는 공감대를 형성해 한목소리를 내기도 한다.

부모가 짚어줄 것은 친구를 지나친 경쟁상대로 볼 것이 아니라는 점, 경쟁심은 잘 가꾸어 나가면 긍정적인 힘이 될 수도 있음을 알려주는 것이다. 그리고 나와 의견이 다르다고 해서 그것이 틀린 것은 아니라는 점도 알려주어야 한다. 다시 말해 친구와 의견 충돌이 있다고 해서 친구를 미워하지 않도록 격려하는 것도 필요하다. 6학년이라서 아이가 다 성장한 것 같지만, 여전히 자기중심적인 면이 남아있다. 따라서 적절한 때에 부모의 감정 코칭이 필요하다. 자기감정 조절능력이 뛰어난 아이가 친구관계도 좋고 갈등해결 능력도 우수하다. 친구관계에서 자신의 감정에 치우쳐 행동하고 말하지 않도록 충고가 필요한 것이다.

또한 6학년 아이들에게는 친구가 학교생활의 많은 부분을 차지하면서, 어떠한 결정을 내릴 때도 친구와 함께 집단행동을 하는 경우가 많다. 자신의 생각과 달라도 주위 친구들의 의견에 따라 행동하는 것이다. 다음 사례들을 살펴보자.

① 6학년 친구들, 집단행동의 유대감이 가장 중요해?! 🌱

교장실의 아래 문틈으로 다발의 종이쪽지가 들어왔다. 교장 선생님은 누가 장난을 쳤는지 확인하기 위해 문을 열었지만, 저 멀리 웅성거리는 소리만 들릴 뿐 아무도 없었다. 종이 다발은 비닐 팩에 담겨 있었다. 교장 선생님은 비닐 팩을 열어 쪽지를 한 장 한 장 확인했다. 종이의 정체는 일본 대지진으로 취소된 6학년 일본문화탐방을 추진해달라는 탄원서들이었다.

"부모님께서 초등학교 시절 가장 기억에 남는 것은 수학여행이었다고 하셨어요. 저 역시 친구들과 소중한 추억을 간직하고 싶습니다. 수학여행을 가고 싶습니다."

"저희 6학년들은 학교생활을 모범적으로 잘하고 있습니다. 수학여행을 떠난다고 해도 특별한 사고 없이 분명 잘 다녀올 것입니다."

"일본 대지진 때문에 일본이 힘들다면 다른 곳으로 수학여행을 가는 건 어떨까요. 부모님은 저희가 설득할 자신이 있습니다."

"교장 선생님, 사랑합니다. 수학여행을 보내주세요."

6학년 아이들이 의기투합하여 수학여행을 가기 위한 간절한 마음을 글에 담았다. 이러한 행동은 여학생들의 아이디어였다. 친구들끼리 삼삼오오 모여 수학여행에 대한 자신들의 생각을 모으고, 이것을 적어서 교장 선생님께 전달한 것이다.

이처럼 6학년 아이들은 혼자일 때는 자신의 모습이 강하지만, 여러 명이 모여 있을 때는 집단의 생각을 중요시한다. 또한 또래집단에서 정해진 규칙을 중요시 여기며, 정해진 사항에 대해서는 함께 행동한다. 이러한 집단행동이 친구들 사이의 유대감을 더욱 강하게 만들기도 하지만, 반면 잘못된 행동을 정당화시키고 합리화하는 부작용도 낳는다. 따라서 부모는 "네 생각은 어떠니?" "무작정 친구들의 의견을 쫓아가는 것이 옳은 걸까?"라는 질문을 아이에게 던져보는 것이 좋다. 아이들은 질문을 계기로 무작정 친구들의 결정에 따르기보다는 자신의 행동을 한 번쯤 뒤돌아볼 수 있게 될 것이다.

실제로, 탄원서를 제출한 학생들의 이야기를 들어보았다.

"뉴스에서 어떠한 법을 통과시키기 위해 사람들이 서명운동을 하는 것을 보았어요. 그래서 많은 친구들의 의견을 적어서 보여드리려 한 거예요. 저 혼자라면 못했을 텐데 친구들이 다 같이 해보자고 해서 저도 하게 되었어요." 역시나 아이들은 자신의 생각과 같은 의견들을 모아서 집단행동으로 표현한 것이었다. 집단행동이 되면 주장은 더욱 강력하게 느껴진다. 하지만 그만큼 자신의 생각과 맞지 않는데도 집단의 유대감을 쫓아서 동참하는 경우도 생긴다. 아이가 집단 속에서도 가치와 판단능력을 잘 키워나갈 수 있도록 잘 이끌어주고, 아이의 의견을 자주 들어보아야 한다.

② 6학년 친구들, 친구 따라 학교도 간다?!

6학년 서현이는 5학년 때부터 국제중학교 진학을 목표로 공부해왔다. 그런데 11월 국제중학교 원서를 쓰기 한 달 전에 일반중학교 진학으로 마음을 바꾸었다. 5학년 때부터 서현이를 뒷바라지한 부모는 갑작스러운 진학 변경에 황당한 기색이 역력했다. 부모님과 상담을 하면서 그 동기를 찾아보고자 했다.

"서현이 어머니, 갑자기 서현이가 국제중학교에서 일반중학교로 진학을 결정한 계기가 있나요?"

"네, 몇 달 전만 해도 국제중학교에 간다고 영어공부에 신경 쓰던 애였는데, 중학교 진학을 앞두고 친한 친구들과 이야기를 해본 것 같아요. 초등학교 3학년 때부터 막역하게 지내는 친구 다섯 명이 모두 일반중학교로 간다고 했나 봐요. 모두 가까운 아파트 단지에 살다 보니 배정 받을 학교가 거의 확정된 것처럼 말했겠지요. 부모들이 '어느 아파트 단지는 어느 학교에 간다는 것'을 다 아니까 아이들에게 말해준 거죠. 서현이도 자기가 일반중학교에 갈 경우, 친구들이랑 같은 학교를 간다는 걸 알게 된 거예요. 그다음부터 국제중학교에 가지 않고 일반중학교에 가겠다고 하는 거예요. 제가 너무 답답해서 몇 번이고 앉혀 놓고 진지하게 말해봐도 아이 뜻이 꺾이질 않네요. 아빠가 말해도 소용없고요. 선생님께서 설득을 좀 해주시면 안 될까요?"

서현이는 이미 또래 친구들과 같은 학교에 배정받고 함께 공부한다는 기대감에 들떠 있었다. 선생님의 충고는 한 귀로 듣고 한 귀로 흘리는 눈치였다. 6학년 아이들에게 절대적으로 영향력을 끼치는 인물의 순위를 정해보면 1. 친구 2. 선생님 3. 부모님이다.(2013년 서울, 경기 초등학생 6학년 125명 설문조사 결과) 물론 아이들마다 차이는 있겠지만 또래 친구들의 영향력이 막대한 것은 인정할 수밖에 없는 사실이다.

서현이도 마찬가지였다. 서현이에게 꿈을 바라보고 공부하고, 더 장기적인 안목을 가지고 판단해야 한다고 계속 충고한 끝에 마침내 국제중학교 원서를 쓰게 되었다.

서현이의 진학경로가 국제중학교로 바뀌자 이번엔 도미노처럼 또래 친구들의 진학 상황이 달라졌다. 서현이와 친하게 지내는 친구들도 모두 서현이와 같은 국제중학교에 가겠다고 나선 것이다.

이처럼 아이가 말을 듣지 않을 때, 여러 가지 원인도 있겠지만 어떤 친구와 어떤 이야기를 나누는지를 살펴볼 필요가 있다. 학창시절, 아이들이 학교를 가고 싶어하는 가장 큰 이유 중의 하나가 '친구들을 만나기 위해서'라는 걸 다시 한 번 명심하자. 그러나 진로와 진학에 관해서는 부모가 단호하게 대처할 필요가 있다. 자신의 생각이 아닌 친구의 생각에 휘둘리듯 진로를 결정해서는 안 되기 때문이다. 다른 친구들과도 다음과 같은 이야기를 나누었다.

"서현이와 같은 길을 가는 것이 서현이와 영원한 친구가 되는 것이 아니야. 미희는 미희 나름대로의 꿈을 펼칠 수 있는 길을 가야 해. 그래야 둘은 멋진 친구가 되는 거야. 당장은 둘이 함께 공부하고 싶겠지. 그러나 각자의 꿈이 다르듯, 공부 분야도 진학하는 학교도 다를 수 있는 거야. 친구를 쫓아가는 것이 아니라 미희가 원하는 꿈을 향해 가야 한다는 걸 꼭 명심하자."

6학년이어도 아직은 미성숙한 아이들이라 중요한 의사결정을 할 때는 부모가 조금은 단호하게 타이르고 지도할 필요가 있다.

나빠도 친구랑 함께라면
- 선악의 구분도 뛰어넘는 위험한 친구 사이

6학년 아이들의 집단행동이 좋은 뜻을 함께해서 시너지 효과를 내는 경우도 있지만, 반대로 악의적인 행동을 서슴 없이 하게 되는 경우도 있다. 이 시기 친구관계와 집단행동에 유의해야 하는 이유는, 최고 학년 시기의 비행은 그 어느 학년 때보다 더 치명적인 결과를 남길 수 있기 때문이다. 다음 사례를 살펴보자.

6학년 미현이는 친구들이 하교한 후 다소 우울한 표정으로 조용히 상담을 요청했다. 그리고 작정한 듯 이야기를 시작했다.

"선생님, 저 왕따를 당하고 있어요. 그런데 왕따를 시키는 친구들은 1학기 때 저랑 무척 친하게 지내던 친구들이에요. 제가 뭘 잘못했는지도 모르겠고, 친구들은 제 이야기를 들으려고 하지도 않아요. 그냥 저를 외면해요. 너무 답답해서 친구들에게 휴대폰 메시지를 보냈지만 답도 없고 전화도 받지 않습니다. 학교에 오는 것이 무척 힘들어요."

미현이는 반에서 무척 활발하고 밝은 친구였다. 그런데 2학기가 시작되면서 표정이 무척 어두워졌다. 친구관계에 문제가 있을 거라고 생각했지만, 상태는 생각보다 심각했다. 게다가 미현이에게는 문제를 해결하고자 하는 마음보다 현실을 피하려는 마음이 강했다.

6학년 아이들은 다양한 선택과 변화를 앞두고 있어서인지, 스트레스를 쉽게 참지 못하고, 갈등을 해결하기보다는 피해가려는 경향이 강하다. 아이들은 왕따 당하는 친구가 있어도 내가 잘못 나섰다가 불이익이 오진 않을까 하는 생각에 문제를 외면한다. 왕따 당사자의 경우, 피할 생각을 하고 있다면 이미 자포자기한 상태라고 볼 수 있다. 위기의 상황에 자신을 두고 싶은 사람은 없다. 어떻게든 위기를 극복하고자 노력하지만, 더 이상 해결의 기미도 보이지 않으면 결국 포기하게 되는 것이다. 포기를 선택한 아이들은 극단적인 선택을 하거나 어떻게든 장애물을 회피하려고만 한다. 미현이도 그랬다.

"선생님. 저 전학 가고 싶어요. 같은 반 애들이 싫어요. 보는 것도 짜증나요. 공부도 안 되고 1학기 때보다 성적도 많이 떨어졌어요. 그냥 다른 학교에 가면 다 나아질 것 같아요."

"미현아! 좋아, 미현이 생각을 존중하고 선생님이 최선을 다해 돕도록 할게. 그런데 전학을 가려면, 6학년을 처음 올라왔을 때처럼 아이들과 원만한 관계로 돌아간 다음에 가자. 지금처럼 사이가 좋지 않은 상태에서 전학을 가는 건 좋지 않아. 다른 학교에 가도 지금의 상황이 반복된다면 그때도 전학을 갈 거니? 문제를 잘 해결해야만 미현이도, 친구들도 기분 좋게 헤어질 수 있을 거야."

일단 아이의 마음을 진정시키고 집으로 보냈다. 부모님께 전화를 걸어 아이의 심리상태를 알려주고 부모님도 관심을 가지고 지켜봐 줄 것을 요청했다. 다음날, 교과전담시간을 이용해 미현이와 친하게 지내던 친구들을 한 명씩 불러서 조심히 물었다. 미현이의 친구들과 속마음을 이야기하기까지는 꽤 오랜 시간이 걸렸다. 편안한 분위기에서 자연스럽게 말할 수 있도록 기다려 주니 아이가 드디어 말문을 열었다.

"요즘 미현이와는 잘 지내니?"

"아니요. 잘 안 놀게 되요."

"무슨 일이 있어?"

"그냥, 친구들이 그 친구랑 이야기하지 말라고 해서……. 자기 자랑이 심하다고 놀지 말라고 해서요."

"너도 그렇게 생각하니?"

"그냥. 심하다고 생각하지 않는데 주위 친구들이 놀지 말라고 하고, 미현이 왕따시키자고 하니까 저도 미현이를 멀리하게 되었어요."

또 다른 친구의 말이 인상적이다.

"미현이는 조금 불쌍해요. 미현이가 선생님한테 인정받고, 공부도 잘하니까 애들이 샘을 많이 냈어요. 그러면서 미현이를 뒤에서 험담하기 시작했어요. 수업시간에 대답하면 '자랑질 한다.'고 흉보기도 하고요. 미현이는 잘못한 것이 없는데, 주위 친구들이 미현이를 왕따 시키면서 벌어진 일이예요."

6학년 교실에는 왕따(왕따돌림), 은따(은근히 따돌림)가 존재한다. 따돌림의 이유는 실제 따돌림을 당하는 아이가 친구들을 괴롭히거나 문제를 일으켜서 발생되는 경우가 많았다. 그러나 요즘은 몇몇의 아이들이 '누구랑 놀지 마라.' '누구 왕따시키자.' 같은 교실 분위기를 만들어버리면 특별히 잘못을 하지 않아도 왕따가 되어버리는 경우도 꽤 많아지고 있다. 그 왕따로 지목된 학생과 친해지고 싶어도 다가갈 수도 없다. 만일 그러한 분위기를 깨고 왕따 학생과 어울릴 경우, 자기 역시 왕따로 내몰릴 수 있기 때문이다.

이러한 경우 부모는 가장 먼저 교사에게 정확한 상황을 설명해야 한다. 어떠한 경우에라도 부모가 나서서 문제 상황을 해결하고자 해서는 안 된다. 교사의 요청이 있을 때까지 아이의 마음을 안정시키고, 적절한 코치를 해주는 것이 좋다. 문제 상황이 일어날 때, 가장 중요한 것은 아이가 스스로 현명하게 갈등을 해결해나가는 것이다. 교사와 부모의 지시에 따라 용기 있게 행동할 수 있도록 아이를 격려해주어야 한다.

미현이의 경우를 다시 살펴보자. 먼저 미현이에게 친하게 지냈던 친구들에게 편지를 써보도록 권했다. 그리고 친구들이 모인 자리에서 미현이의 편지를 읽었고, 그 느낌을 다 같이 공유했다. 아이들은 서로 묵은 감정을 털어내고 굵은 눈물을 마구 흘리며 서로 껴안고 미안하다는 말을 전했다. 미현이를 힘들게 한 아이들 중에는 미현이와 예전처럼 친하게 지내고 싶은 친구도 있었다. 그러나 친구들의 눈치 때문에 용기를 내지 못해 집단행동을 계속하게 되었다고 한다. 이렇듯 교사가 화해의 자리를 마련하지 못하면, 아이들은 진솔하게 마음을 확인하는 시간을 갖기 힘들다. 교사는 중립적인 입장에서 모든 학생을 동등하게 대할 수 있기 때문이다.

특별한 경우지만, 미현이처럼 왕따를 당했던 우진이는 엄마가 나서서 문제를 해결한 케이스다. 우진이 엄마는 우진이가 친구 때문에 힘들어하는 걸 파악했다. 그 후 우진이의 생일도 아닌데, 6학년 남자 아이들에게 초대장을 만들어 집으로 초대했다. 아이들은 선뜻 초대에 응하지 않았지만 우진이 엄마는 낮은 자세로 주위 엄마들에게 도움을 요청했고, 아이들에게는 선물을 주며 집에 오게끔 했다. 우진이네 모인 친구들에게 우진이 엄마는 따뜻하게 다가갔다.

"우진이가 친구들한테 그동안 친절하게 대하지 못하고 조금 이기적인 부분이 있었잖아. 그런데 우진이도 스스로 많이 바뀌려고 노력하고 있어. 진짜 멋진 친구라면 친구의 허물도 덮어주고 달라질 수 있도록 도와주는 사람이지 않을까. 우진이도 노력하고, 친구들도 노력하자. 오늘 하루, 맛있는 음식 먹고 축구 게임도 하면서 즐겁게 놀다 가렴. 다음에도 또 놀러 오고. 아줌마는 너희들을 믿어."

우진이 엄마의 적극적인 노력으로 아이들은 우진이에게 조금씩 다가가기 시작했다. 우진이 엄마는 선생님께 우진이가 조금이나마 적극적으로 바뀔 수 있도록 평소 우진이가 잘하는 '과학' 시간에 발표 기회를 많이 달라고 부탁했다. 우진이가 양지로 나오기까지는 생각보다 오래 걸리지 않았다. 외톨이처럼 지내던 우진이는 엄마와 선생님의 지속적인 노력으로 더 이상 친구들 때문에 스트레스를 받지 않게 되었다.

6학년 아이들은 부모와 교사의 충고보다 또래 친구들의 생각과 판단을 더 존중하고 따른다. 그래서 일반적으로 친구들의 생각이 옳은지 그른지는 판단하지 않은 채 또래집단에서 정해진 것이라면 무조건 따르고자 한다. 이유는 간단하다. 인간은 누구나 소속 욕구를 가지고 있기 때문이다. 아이들은 친구들과 친하게 지내며 친구그룹 속에 있고 싶어한다.

친구관계에 의해 울기도 하고 웃기도 하는 것이 초등학생이다. 친구관계에 균열이 가기 시작하면 수업시간에도 집중을 잃게 된다. 친구와의 관계에 더 마음이 쓰이고 어떻게 해결해야 할까를 내내 고민하게 되기 때문이다. 즉 다른 학년보다 친구관계에 있어 더욱 예민해진다. 따라서 6학년 자녀를 둔 부모라면 다음 사항을 참고해서 자녀를 지도해보자.

첫째, 아이가 친한 친구들을 자주 만날 기회를 만들어야 한다. 어른들보다 바쁜 사람이 어린이다. 학교와 학원 스케줄로 자기가 쓸 수 있는 시간이 많지 않다. 게다가 주변에 위험요소가 많아 부모들은 아이들끼리 어디를 간다고 하면 불안해한다. 만일 가족끼리 현장체험학습을 가려고 하면, 아이 친구들의 엄마에게 연락해서 아이 친구들까지 함께 인솔해서 다녀오겠다고 연락해보는 건 어떨까? 초등학교 6학년쯤 되면, 가족여행보다 친구들과의 여행이 더 재미있다. 아이가 친구들과 즐거운 시간을 보낼 수 있는 기회를 만들어주자. 그렇게 하면 우리 아이가 다른 가정의 체험학습에 참가하게 되는 경우도 분명 생길 것이다.

둘째, 생일파티는 가급적 해주자. 생일파티에 친한 친구들만을 초대하기보다는 반 친구들을 대부분 초대해보자. 아이가 모든 학생의 초대를 반기지 않으면, 여학생만 또는 남학생만이라도 모두 초대해보자. 초등학생들에게 생일파티에 누구를 초대했는지는 어른들의 생일초대와 차원이 다르다. 초대장을 건네는 것은 '너랑 꼭 친하게 지내고 싶어!'라는 메시지를 전하는 것이다. 만약 자녀가 여학생이라면, 학급의 여학생들을 모두 초대해보자. 교실에서 아이들의 모습을 보고 있으면, 자기와 친한 친구들과는 하루 종일 같이 지내지만 그렇지 않은 친구와는 거의 대화하지 않는다. 따라서 생일잔치를 계기로, 서로 대화의 장을 마련해주면 T자형 친구관계를 만들 수 있다. T자형 친구관계란 친한 친구가 몇몇 있으면서 다른 친구들과도 폭넓게 원만하게 지내는 것을 말한다.

마지막으로, 아이에게 친구문제가 생겼다면 담임교사를 통해 해결하자. 평소와 다르게 아이가 학교를 가기 싫어하거나, 식욕이 떨어지거나, 휴대폰에 집착할 때 또는 친구 이야기를 하는 것에 과민반응을 보일 때는 친구관계를 유심히 살펴볼 필요가 있다.

문제를 발견했을 때 제일 첫 단계가 부모의 적절한 코칭이다. 편안한 분위기에서 아이가 자연스럽게 이야기할 수 있도록 아이의 이야기를 경청해준다. "지현아, 친구에게 함께 떡볶이를 먹자고 용기 있게 말해 봐. 또는 그게 힘들면 쪽지를 써서 마음을 전달해 봐." 등으로 부모가 적절한 방법과 피드백을 준다. 그래도 상황에 진전이 없으면 두 번째 단계로 담임교사를 통해 문제를 해결한다. "선생님, 몇 주 전부터 우리 아이가 태민이 때문에 많이 힘들어하네요. 제가 아이에게 이렇게 저렇게 조언을 했는데 문제가 해결되지 않아서 선생님께 도움을 요청합니다. 한번 살펴봐주세요." 부모의 도움 요청을 듣는다면, 담임교사는 문제를 객관적으로 파악하려 애쓰고 현명하게 해결하고자 노력할 것이다.

가장 경계해야 할 것이, 아이의 친구 부모에게 바로 전화하거나 만나서 문제를 해결하려는 것이다. 아무리 학부모끼리 친한 사이라 해도 아이를 중간에 두고 대화하면 감정싸움으로 번지는 경우가 많다. 따라서 꼭 담임교사를 통한 문제해결이 현명한 방법인 것이다.

친구관계가 참 좋은 아이들의 공통점

1. 먼저 남에게 나누어주려는 마음이 있다. 6학년 아이들의 머릿속에는 작은 계산기에 들어 있다. 어떤 일을 할 때마다 작은 계산기를 작동시킨다. 그런데 친구관계가 좋은 아이들은 조금 손해를 보더라도 기분 좋게 일을 처리한다. 그걸로 손해 본다는 생각보다 내가 더 나누어준다는 생각으로 임한다. 이것은 부모 양육방식의 결과다. 아이에게 이렇게 대해보자. "명준아. 여행 때 사온 사탕을 학교에 가지고 가서 친구들이랑 나누어 먹는 건 어떠니?" "요리 만들기를 한다구? 그럼 엄마가 준비물을 조금 더 챙겨 줄게. 친구들과 나누어 먹을 때 더 즐거운 거야."

2. 봉사활동을 많이 한 친구들은 여유와 배려가 몸에 배었다. 반면 게임을 많이 한 아이들은 어떻게든 경쟁에서 이겨야만 한다고 생각

한다. 게다가 우리나라 사람 특유의 성급함이 아이들에게도 작용해 어떤 일이든 빨리빨리 하려는 성향이 강하다. 그러다 보니, 아이들을 기다려주지 못한다. 이것은 자연스럽게 다른 사람에 대한 강요로 이어지게 된다.

경미는 한 달에 한 번 가족들과 장애인 복지시설에서 자원봉사를 2년째 해오고 있다. 경미에게는 여유와 배려가 몸에 붙었다. 그렇다 보니 조별 활동을 할 때도 친구가 조금 느릿느릿해도 여유 있게 기다려주고, 비록 자기 조가 최고점을 받지 못해도 친구들을 다독이며 '다음에 잘하자'고 말하는 밝은 아이다. 아이들은 경미를 언니처럼 따르고 좋아한다.

3. 무언가 자신의 특기를 한 가지 갖고 즐기며, 겸손한 성품이다. 이은결 마술사가 마술의 길로 들어서게 된 것은 내성적이고 소극적인 성격 탓이었다. 자기감정 표현이 서툴러서 친구들에게 쉽게 다가가지 못했던 소년. 그런 그가 '마술'을 통해 활동적인 밝은 성격으로 바뀌게 된 것이다. 지금의 이은결 마술사를 보면 유년시절의 모습을 상상하기 힘들 정도로 자신감 넘치고 열정적이다.

소극적이고 내성적인 아이들은 학년 초에 먼저 친구들에게 다가가지 못해 친구들이 없는 경우가 많다. 그러다가 자연스럽게 혼자인 것에 익숙해지고 왕따처럼 지내는 경우도 있다. 물론 시간이 지나면서 친구들은 그 아이의 성향이 조용한 것을 인정하고 사이좋게 지내게 된다. 하지만 지나치게 말수가 적은 아이라면 자신의 에너지를 표현할 수 있는 운동이나 특기를 길러주는 것이 좋다. 아이가 몰입의 상태에서 무언가를 적극적으로 하게 되면 자연스럽게 에너지와 자신감이 생겨난다. 그런 아이의 모습은 친구들에게 긍정적으로 다가가게 될 것이다. 이때 가장 중요한 것은 겸손한 태도로 친구의 격려에 화답하는 것이다.

왕따, 부모와 아이 모두가
가장 두려워하는 단어

초등학생 학부모들이 아이의 학교생활에서 가장 궁금해하는 부분은 두 가지다. 하나는 성적이고, 다른 하나는 친구관계다. 친구관계에서 핵심은 '친구들과 사이좋게 잘 지내는지'이다. 더 정확히 짚어 보면 '혹시 우리 아이가 왕따(왕 따돌림), 은따(은근히 따돌림)를 당하지 않을까' '우리 아이가 왕따를 시키진 않을까' 하는 걱정이다.

6학년 담임이 가장 걱정하는 부분은 바로 '왕따' 문제다. 즉 교실 안에서 친구가 친구를 괴롭히고, 여러 친구들이 한 학생을 따돌림을 시키는 것이다. 왕따 문제의 심각성은 언론 보도를 통해 어렵지 않게 접할 수 있다. 스마트폰의 그룹 채팅에서 왕따 가해자들이 피해 학생을 채팅방에 초대해 온갖 욕설과 비난의 글을 쓰는 등 그 양상이 다양해져간다. 문자 메시지로 피해 학생을 협박하고 괴롭힌 나머지 피해 학생이 스스로 목숨을 끊은 일까지 생겼다. 한 6학년 남학생이 뚱뚱하다는 이유로 친구들에게 '돼지', '더럽다' 같은 놀림을 계속 당하자 더 이상 학교가기 싫다고 부모에게 말했다고 한다. 이를 들은 부모가 화가 나서 교실에 방화를 저지른 일도 있었다.

2012년 노벨피아에서 전국 초등학생들 977명을 대상으로 왕따에 대한 설문조사를 진행했다. '학교에서 왕따를 당한 경험이 있는가?'란 질문에 21%(210명)가 있다고 답했다. '어떤 방법으로 왕따를 당했나?'란 질문에는 10%(94명)가 '자신을 험담했다'고 답했고, 6%(56명)의 학생이 '왕따 당하는 자신 몰래 친구들끼리 이야기한다.'고 답했다. 그 외에도 '인사를 받아주지 않는다.' '모임이나 소식을 알려주지 않는다.'란 대답이 있었다.[1]

얼마 전 인기 걸그룹 멤버들 사이에 왕따 문제가 불거진 일이 있었다. 이때 6학년 교실에서는 걸그룹 이름을 딴, 소위 '왕따 놀이'가 유행한 적이 있었다.

"네가 오늘은 왕따야. 그러니까 우리가 시키는 거 다 해. 그리고 왕따처럼 행동해야 해."

---

1) 서울투데이 2012.08.20 기사 참조.

"애들아, 오늘은 ○○가 왕따야. 왕따처럼 대우해야 돼."

또한 특정 학생을 학교에서만이 아니라 인터넷에서도 왕따를 시켜, 피해 학생이 다른 학교로 전학을 가도 따돌림을 당하도록 만드는 '왕따 카페'도 생겨났다. 놀라운 점은 이러한 인터넷 카페를 운영하는 학생의 50%가 초등학생들이란 사실이다.

아이들의 왕따 행위는 여기서 그치지 않는다. 친구들을 왕따시키는 것에서 나아가 특정 선생님을 왕따시키는 경우도 있다. 반 학생들이 서로 의기투합하여 선생님의 말을 무시하고, 선생님과 마주쳐도 인사하지 않는다. 또한 인터넷에 안티 카페를 만들어 선생님 험담을 즐기기까지 하는 것이다. 이러한 실태를 보고 나면 왕따 문제가 얼마나 심각한지를 알 수 있다.

물론 모든 초등학생들이 다 그런 것은 아니다. 사례로 극단적인 경우들을 제시했기에 요즘 아이들의 왕따 문제에 섬뜩한 느낌을 받을 수도 있다. 물론 이 책을 읽고 있는 부모들은 자녀교육에 관심이 많고, 아이를 바르게 키우려고 노력할 것이기 때문에 이런 아이들이 마치 다른 세상의 아이들처럼 느껴질 수도 있다. 그러나 단 1%의 가능성이라도 있다면, 지도를 해야 한다. 초등학생들은 아직 판단력이 성숙하지 못하기 때문에 주위 친구들의 행동을 유행처럼 쉽게 따라 하는 경향이 있기 때문이다.

나는 2011년 서울 시내 6학년 학생 200명을 대상으로 아이들이 싫어하는 친구 BEST 3에 대해 설문조사를 한 적이 있다. 설문 결과 50%(102명)의 학생이 '이기적인 친구'라 답했고 30%(64명)가 '잘난 척, 거짓말을 많이 하는 친구'라고 답했다. 그리고 15%(27명)는 '잘 씻지 않는 친구'라고 응답했다.

그렇다면, 아이들을 어떻게 지도하는 것이 올바른 방법일까? 먼저 아이가 왕따를 당하지 않도록 부모가 어떤 노력을 기울여야 할지를 살펴보자.

우리 아이를 지키기 위해 어떤 노력을 해야 할까? 🌿

첫째, 아이의 용모를 단정하게 해서 등교시키자. 다음 사례를 살펴보자.

"선생님, 남호랑 짝꿍이 되지 않게 해주세요."

"왜 남호랑 무슨 문제가 있니?"

"남호랑 앉는 게 싫어요. 애들도 대부분 남호를 싫어해요."

"무슨 일인데. 이유라도 있을 거 아니야?"

"남호 몸에서 냄새가 많이 나요. 남호는 머리도 잘 안 감는지 머리에 비듬 같은 것도 있어요. 그래서 애들이 남호랑 짝이 되면 옆 책상이랑 간격을 벌려서 앉아요. 남호가 지나가면 모두 길을 비켜줘요. 걔랑 부딪히면 옷에 뭔가 묻을 것 같거든요."

매일 아침, 부모도 아이도 전쟁을 치르게 된다. 1분 1초가 아쉬워 시간을 아껴 쓰기 바쁘다. 아이가 늦잠을 잔다면 시간에 쫓겨 제대로 씻지도 않고, 옷도 집에 굴러다니는 것을 주워 입고 등교하기도 한다. 그러니 용모가 단정할 수 없고, 자연스럽게 친구들이 아이를 멀리하게 되는 것이다. 늦잠 자는 아이의 경우, 저녁에 잠자리에 일찍 들게 하는 방법을 강구해야 할 것이다. 아이의 머리를 한 달에 한 번은 이발해주고, 옷 정리도 스스로 할 수 있도록 지도해야 한다.

6학년 아이들은 특히 외모에 민감한 시기다. 이성이 나를 어떻게 볼지 신경을 쓰고, 패션에도 관심이 많아서 연예인의 액세서리, 헤어스타일, 옷 스타일을 흉내 내기도 한다. 또한 친구들의 옷, 신발, 가방의 브랜드에도 관심을 가지는 시기다. 따라서 너무 고급스러운 제품은 아니더라도, 너무 헐거나 떨어진 물건은 없는지 살펴볼 필요가 있다. 이와 더불어 아이에게 존중의 시각을 심어주는 것이 필요하다. "남호야, 사람을 외모로만 판단해서는 안 돼. 사람의 겉만 보고 '이 사람은 이래. 저 사람은 저래'라고 판단하는 것은 잘못된 거란다."라며 지도해주어야 할 것이다.

둘째, 너무 자기 것만 챙기는 아이가 되지 않도록 해야 한다. 혜민이 엄마는 방과 후 바로 학원으로 향하는 혜민이를 위해 매일 간식을 가방에 넣어준다. 늘 3세트의 간식을 넣어주는데, 하나는 혜민이의 간식이고 나머지 둘은 혜민이와 친하게 지내는 아이들의 몫이다. 가끔 간식을 못 싸줄 때는 3000원을 준다. 1000원이면 충분한 혜민이 간식비용과 더불어 친구들의 간식비용까지 챙기는 것이다. 혜민이 엄마는 항상 혜민이에게 이렇게 이야기한다.

"혜민아. 콩 한 조각이라도 친구들과 나누어 먹는 거야. 받기를 기대하기보다 먼저 주는 우리 딸이 되었으면 좋겠어. 받는 기쁨보다 주는 기쁨이 더 큰 거야. 알았지."

엄마의 가르침 덕분인지 혜민이는 교실에서 나눔을 먼저 실천하는 학생이다. 시험을 치는데 지우개를 준비하지 못한 아이가 있었다. 나는 아이들에게 "혹시 지우개가 두 개인 친구가 있으면 하나 빌려주자."라고 이야기했다. 모두 지우개를 하나씩 가지고 다니는지 아무도 손을 들지 않았다. 이때 혜민이가 칼로 자신의 지우개를 반쪽 내더니 반쪽을 친구에게 주는 것이 아닌가. 마음을 곱게 쓰라는 부모의 가르침을 늘 받은 혜민이기에 이것은 자연스러운 행동이었는지도 모른다.

자기 것만 챙기고, 조금도 손해 보지 않으려고 하는 아이는 점점 외로워지기 마련이다. 이러한 아이들은 역지사지(易地思之)를 생각하지 못한다. 따라서 입장을 바꾸어서 생각해보게 하는 연습이 필요하다. 친구와 싸우고 돌아온 아이에게 "만약 네가 친구 상황이었다면 기분이 어떠했을까?" "다른 해결방법은 없을까? 만약 다시 그 상황으로 돌아간다면 어떻게 하는 게 현명할까?"란 질문을 던져보자.

잘못을 저지른 아이에게 반성문을 쓰게 한다면 다음 7가지 사항을 고려해서 쓰도록 이끌어줘야 효과적이다. 이기적인 성향의 아이들은 상대방에 대한 배려를 연습해야 하기 때문이다.

1. 일어난 일에 대한 객관적인 설명.
2. 왜 그렇게 행동했는가.
3. 내가 잘못한 것.
4. 만약 내가 상대방 입장이었다면 어떤 기분이 들었을까.
5. 시간을 되돌린다면 어떻게 행동을 하겠는가.
6. 상대방 친구에게 사과의 편지.
7. 나의 다짐.

아이가 자기 것만 챙기는 성향이라면 온 가족이 정기적으로 봉사활동에 참여하고, 적은 금액이지만 기부 활동을 해보는 것도 추천한다. 제 3세계의 아이와 1:1 결연을 맺고 편지도 쓰고 기부하는 채연이는 '더불어 가는 삶'에 대해 생각해보게 되었다고 한다. 자기의 것을 늘려가는 것이 행복인 줄 알았는데, 나의 것을 나누어주는 것이 행복임을 아이가 몸소 느끼는 기회가 된 것이다. 또한 장애체험을 통해 나의 현재 모습에 더욱 감사하는 계기를 심어줄 수도 있다. 분명한 것은 아이는 부모가 이끄는 방향대로 자란다는 것이다.

마지막으로, 대화 습관이다. 6학년이 되면 어른 못지않은 심한 욕설을 하는 아이들이 많다. 그리고 거짓말을 서슴없이 하는 친구들도 쉽게 볼 수 있다. 이러한 아이들의 공통 특징은 자신의 잘못이 무엇인지 모르고, 자기가 방금 무슨 말을 했는지를 기억하지 못한다는 것이다. 이것은 생각하고 말한다기보다, 말해놓고도 생각조차 하지 않는다는 방증이다. 특히 욕설이 심한 아이는 습관적으로 욕이 입에 붙어서, 혹은 과시하기 위해, 혹은 강해 보여서 자기 방어를 위한 수단으로 욕을 내뱉는 경우가 많다. 거짓말은 자기를 보호하기 위해, 또는 자기를 과대포장하기 위해 하는 경우가 많다.

다시 말해, 자신을 사랑하는 마음인 '자아존중감'이 약한 아이일수록 이러한 경향이 짙다. 집에서 부모의 사랑으로 채워져야 할 그릇이 충분히 차지 않은 아이들이 빈 그릇을 친구들로부터 받는 관심과 사랑으로 채우려는 데서 시작한 것이다.

물론 이 시기에 욕 한 번 해보지 않은 사람이 누가 있겠는가. 친한 친구들이 하는 욕설을 따라 해보지 않은 아이들이 몇이나 되겠는가. 핵심은 절제력, 통제력이 부족한 아이들에게 계속적인 충고가 필요하다는 것이다. '우리 아이는 그런 아이가 아니에요.'라고 생각하는 부모가 있다면 (실제 그런 자녀일 수도 있지만) '부모 앞에서 욕하는 아이가 얼마나 있을까요?'라고 묻고 싶다. 부모가 아이의 모습을 전부 알기란 쉽지 않다. 또한 아이의 행동이 한 번에 바뀌면 교육이 얼마나 편하겠는가. 물이 바위를 뚫는 것처럼 오랜 시간 동안 기회가 있을 때마다 충고해주는 것이 중요하다. 또한 부모가 몸소 바르고 고운 말을 쓰는 모습을 보이는 것이 중요하겠다.

따돌림을 주도하는 아이들을 보면, 왕따 경험이 있는 친구들이 대부분이다. 예전에 따돌림을 당했기 때문에 내가 왕따를 주도하면 자연스럽게 나는 따돌림을 당하지 않을 것이라고 생각하는 것이다.

이러한 아이들은 친구들을 조정하려고 한다. 다른 아이들에게 왕따로 지목한 친구와는 친하게 지내지 말라고 이야기한다. '자기 친구들' '우리 패밀리' '넌 베프(베스트프랜드)야'라고 강조하면서 친구를 소유하려는 경향이 있다. 한번은 이런 사례가 있었다.

"선생님. 재혁이가 자꾸 밤늦게 문자 메시지를 하거나 전화를 해서 '나랑 놀이동산가자.' '나랑 친하게 지내자.'라고 해요."

"학원 수업중인데 재혁이가 계속 전화해요. 전화를 못 받으면 '전화 통화하고 싶으니 연락 줘.'라고 문자메시지를 남겨요."

이와 같이 3명의 남학생들이 재혁이의 반복되는 구애 행동에 불만을 토로한 것이다. 나는 재혁이를 따로 불러 이야기를 나누었다.

"재혁아. 학교에서 친구들을 만나서 이야기하면 되는데, 방과 후에 친구들한테 전화로 이야기하려는 이유가 있니? 일주일에 3~4번씩, 벌써 2주째 재혁이가 이러한 행동을 하니까 친구들이 피곤해하는 것 같던데."

"선생님, 친구들이 제 이야기를 잘 안 들어줘요. 처음에는 아주 친하게 지냈는데, 어느 순간부터 뒤에서 제 욕을 하고 따돌리는 것 같아요. 그래서 제 마음을 전달하고 싶은데 방법이 없어서 전화를 계속한 거예요."

재혁이는 학기 초에 특별한 문제없이 친구들과 잘 지내던 아이였다. 그런데 5학년 때 왕따 경험이 있어 6학년이 되면서 한 친구를 왕따시키자고 몇몇 아이들과 협의한 것이다. 그런데 함께 이야기한 친구들이 왕따 대상인 아이와 어울려서 놀고 오히려 자기를 따돌리게 되면서 재혁이의 집착이 시작된 것이다. 이렇듯 자기 보호를 위해 왕따를 조장하는 경우도 있다. 이것은 아이들의 자아 존중감을 높여야 할 이유이기도 하다.

전교어린이회장 선거, 학급 임원선거가 주는 의미!

6학년 학기 초 학생들 가운데 가장 큰 이슈는 바로 학급 임원선거다. 초등학교의 임원선거는 크게 2가지 의미가 있다. 학교와 학급을 대표하는 리더를 선출하는 것이 첫 번째 의미다. 그리고 두 번째는 아이들 중 누가 가장 인기가 있는지를 알게 되는 것이다.

나는 학급 임원선거에 부모가 아이에게 적극적으로 동기부여를 해서 꼭 입후보를 하게끔 독려한다. 임원선거에 당선여부를 떠나 입후보하는 것만으로도 중요한 세 가지를 얻을 수 있다.

첫째, 리더를 다른 시각에서 보게 된다. 나라를 이끌어가는 대통

령을 비롯하여, 소그룹의 리더까지 어떻게 사람들을 이끌어가는지에 관심을 갖게 된다. 그들의 리더십을 흉내 내고 '내가 나중에 리더가 되면 저러한 리더가 되어야지.'라고 생각하는 계기가 된다. 이것은 '리더가 되어야지'란 결심이 없다면 접근하기 힘든 사고다. 아이가 입후보를 하고 연설문을 작성하면서 실제로 어떠한 리더가 될지를 한 번쯤 고민할 것이다. 이것은 아이에게 책임감과 더불어 자신감, 판단 능력을 길러주는 더없는 계기가 된다.

둘째, 스피치 능력에 관심을 가지는 기회가 된다. 입후보를 하면 자신을 홍보하고 자신의 생각을 논리적으로 발표하기 위한 연설문을 작성하게 된다. 그리고 이를 어떻게 효과적으로 친구들에게 전달할지를 고민하게 된다. '손 모양은 어떻게 하고 어떠한 자세로 이야기할까?' '목소리 크기와 톤은 어떻게 할까?' 등 세세한 부분까지 신경 쓰게 되면서 '발표를 잘하기 위해' 노력하고, 발표를 효과적으로 하는 사람들을 벤치마킹하게 된다.

마지막으로, '도전'이라는 중요한 능력을 배우고 '유비무환'의 씨앗을 내릴 수 있다. 도전을 '해본' 사람과 도전을 '바라보기만 하는' 사람의 차이는 하늘과 땅 차이다. 아이가 도전을 하면서 자신을 돌아볼 기회를 가지고 추후의 기회를 준비할 수 있게 되는 것이다. 자신에게 무엇이 부족하고 무엇을 준비해야 하는지를 생각해볼 수 있는 시간이 될 것이다.

나는 학급 임원선거에서 낙선한 친구들에게 이렇게 이야기한다.

"로마의 철학자 세네카에게 행운이 무엇이냐고 물었어. 그랬더니 그가 '행운이란 준비와 기회가 만날 때 생기는 것이다.'라고 이야기했어. 이번에 선거에서 떨어진 건 네가 인기가 없거나 못나서가 아니야. 준비가 되지 않아서야. 하지만 기회는 언젠가 또 온단다. 분명히 또 올 거야. 중요한 것은 그때 준비가 되어 있지 않으면 행운을 얻지 못한다는 거야. 그러니까 지금부터 다음 기회를 위해 준비를 했으면 좋겠어. 무엇을 준비해야 할지는 스스로를 차분히 뒤돌아보면 그 답을 알 수 있을 거야."

6학년이 되면서 누리는 특권 중에 하나가 바로 전교어린이회장 선거에 입후보할 수 있다는 것이다. 학교마다 차이는 있겠지만 일반적으로 5학년은 전교부회장에 나가고, 6학년이 전교임원선거에 출마할 기회가 주어진다.

전교임원선거를 우리 아이와는 관계없는 다른 아이들의 일처럼 생각하지 말자. 꼭 전교임원이 되고 안 되고가 중요한 것이 아니다. 많은 사람들 앞에서 자신의 의견을 말할 기회를 가지는 것에 큰 의의를 두고 싶다. 어른이 되어서도 남들 앞에서 자기주장을 바로 펼치지 못하는 사람, 발표력을 키우기 위해 스피치 학원에서 연습하는 사람, 말하기 코칭 교육을 받는 사람들이 많이 있다. 이것은 어린 시절에 발표할 기회를 거의 갖지 못하거나, 놓쳐버린 까닭이 크다.

점점 자신의 의견을 잘 전달하고, 다양한 사람들과 소통하는 능력이 중요해지고 있다. 어린 시절에 기회가 있을 때마다 발표를 해보고, 손짓과 시선처리, 목소리 톤 등을 연습해보는 경험이 매우 중요하다. 아이가 선거에 나가기 싫어한다면 어쩔 수 없지만, 만약 망설이고 있다면 부모가 칭찬으로 힘과 용기를 실어줘 아이가 도전해보게끔 이끌어야 할 것이다.

리더로 태어난 사람은 없다, 자리가 사람을 만든다!

일전에 전교회장에 당선된 아이의 어머니와 상담한 적이 있다.

"아이에게 자신감을 심어주고 출마를 권유했지만 사실 당선될지는 몰랐어요. 막상 아이가 당선되고 나니 전교회장직을 잘 해낼 수 있을지 걱정이에요."

사실 그 아이는 성적이 우수한 것도, 학교생활을 모범적으로 하는 것도 아니었다. 그리고 학급임원을 한 번도 해본 적이 없는 아이였기 때문에 부모가 걱정이 많았던 것은 사실이었다. 그러나 아이는 전교회장에 뽑히면서 동시에 달라졌다. 예전의 장난기가 많고, 산만하고, 숙제와 거리가 멀던 모습들이 한순간에 사라졌다. 선생님이 아이의 변화에 놀라기 전에 먼저 아이의 친구들이 나에게 소식을 전해왔다.

"선생님. 우석이가 준비물을 다 챙겨왔어요."

"선생님. 우석이가 수학시험을 96점 받았어요."

"선생님. 우석이가 '이번 달 좋은 친구'로 선정되어야 된다고 생각해요. 친구들의 무거운 짐도 들어주고, 욕도 하지 않고, 친절하게 대해주기 때문입니다."

아이의 변화는 여기서 그치지 않았다. 국어시간에 자신의 꿈을 적어 발표하는 비전 선포식이 있었다. 이때 우석이가 발표했다.

"저는 지난 6년 내내 프로게이머가 되는 것이 꿈이었습니다. 그런데 꿈이 바뀌었습니다. 바로 컴퓨터 프로그램을 만드는 회사의 CEO가 되는 것입니다. CEO가 되기 위해 열심히 공부하고 리더의 자세들을 갖추어가도록 노력할 것입니다."

'자리가 사람을 만든다'는 옛말이 있다. 아이에게 특별한 지위를 주니 그에 걸맞은 행동을 하려고 노력한다는 것을 직접 발견했다.

뉴질랜드에 키위라는 동물이 있다. 원래 키위는 하늘을 날 수 있었다. 하지만 먹이가 많은 비옥한 땅 그리고 천적이 없는 곳에 정착하면서 날개를 쓸 일이 없게 되었다. 차츰 키위의 날개는 퇴화했고 지금은 날 수 없는 동물이 되었다.

어느 농부가 다리를 다친 독수리를 데려와 치료해주었다. 그리고 독수리를 당분간 집에서 기르는 닭들과 함께 지내도록 했다. 날지 못하는 닭들과 함께, 독수리는 바닥에 떨어진 모이를 주워먹으며 치료를 받았다. 어느 날 농부는 독수리의 다리가 완쾌된 것을 보고 독수리를 창공으로 보내려 했다. 하지만 그때 독수리는 날 수가 없었다. 이미 닭들과 생활하는 것이 익숙해졌고, 자신이 하늘을 날 수 있다는 걸 잊어버렸기 때문이다.

아이가 성공적인 자기변화를 꿈꾸게 하지 못하고 안주하게 내버려 두는 것은, 키위와 독수리처럼 자신의 능력을 발휘하지 못하고 퇴화하게 만드는 상황과 같을 것이다. 우리의 능력 가운데 '용기'라는 녀석을 자주 꺼내 쓰도록 아이를 지도해야 한다. 아이의 잠재력은 겉으로 표현되기 전에는 그 크기가 어느 정도인지 전혀 알 수 없다. 아이가 용기 내어 마음속에 잠든 거인을 깨우도록 부모는 옆에서 지속적인 동기 부여자가 되어야 할 것이다. 그리고 굳건한 믿음이 필요하다. '우리 아이에게는 무한한 능력이 있고, 충분히 변화의 가능성이 있다.'고 말이다. 이러한 믿음이 자녀교육의 중요한 근간이 된다.

6학년 엄친아들에게 물었습니다!
- 가장 좋은 지도법

최근 3년간 (2011년~2013년) 서울, 경기지역 초등학교에서 인성이 바르고, 학업성적이 우수하고, 친구관계가 좋은, 소위 말하는 '엄친아(엄마 친구의 아들)'로 꼽힌 30명을 대상으로 설문조사를 실시하였다. 이 아이들은 졸업식에서 학교를 대표해서 최고상을 받을 만큼 모범적인 학교생활을 했다. 선생님들 사이에서 칭찬이 끊이질 않는 아이들이었다. 질문은 주로 부모님의 자녀교육 방법에 대한 의견, 친구관계, 학습법, 학교생활 전반에 관한 내용이었다. 아이들의 설문 결과를 정리하면서 공통점을 찾아 정리해보았다.

질문 1) 부모님이 나를 지도할 때 좋은 점은 무엇입니까?

BEST1) 부모님은 '최선을 다하면 된다. 결과는 할 수 없다.'라고 늘 강조하기 때문에 결과에 부담은 없다. 무엇이든 늘 편안한 마음으로 임해서인지 결과는 대부분 좋았다. 부모님은 나에게 공부든 놀이든 부담을 주지 않고, 나만의 방식을 존중해주신다.

BEST2) 부모님은 내가 정말 잘하는 분야가 있으면 그 부분에 대해 칭찬을 아끼지 않으신다. 그러나 내가 잘못을 했을 때 무엇을 잘못했는지 차근차근 알려주시고 나의 생각을 들어주신다. 또한 나를 혼내는 이유는 내가 미워서가 아니라 나를 사랑해서라는 것을 분명히 알려주신다.

BEST3) 우리 부모님은 학원을 강요해서 보내지 않으신다. 내가 자율적으로 계획표를 써서 스스로 공부할 수 있도록 도와주신다. 그리고 공부하다가 지쳐 있을 때 조언을 많이 해주신다. 새벽까지 공부할 때 엄마도 주무시지 않고 책을 읽으면서 함께 기다려주신다. 또한 나의 진로와 공부법 등에 대한 정보를 많이 알아 오신다.

BEST4) 부모님이 직장을 마치시고 피곤하실 텐데도, 저녁에 내 공부를 도와주시거나 옆에서 공부 분위기를 만들어주려고 독서를 하신다. 주말마다 공부에 지친 우리들과 함께 여행 또는 체험활동을 해주시려 하신다. 우리가 가끔 잘못했을 때는 다소 엄격하시지만, 늘 이야기를 들어주면서 공감해주셔서 마치 친한 친구같다.

까칠한 6학년, 어떻게 사랑할까?

2장

마지막 기회,
찰흙의 물기가 남아 있는 시기

혹시 '이제 6학년인데 부모가 지도한다고 말을 듣겠어. 자기가 알아서 해야지.' '부모 말을 안 듣는데 무슨 교육이 돼.'라고 생각하지 않는가. 교육의 출발은 변화에 대한 희망에서 출발한다. 최고 학년인 6학년을 시작하는 아이를 부모는 분명 희망이 가득 찬 눈빛으로 바라보아야 한다.

"선생님. 이제 6학년인데, 우리 아이의 습관이 바뀌기에는 너무 늦지 않았나요."라고 이야기하는 부모에게 나는 이렇게 대답한다.

"6학년이니 충분히 바뀔 수 있지 않겠어요. 부모님이 노력하겠다는 열정과 의지만 있다면 아이는 얼마든지 바뀔 수 있어요. 미루지 말고 지금 시작하세요. 절대 늦지 않았어요."

나는 흔히 자녀양육을 찰흙공예에 비유한다. 처음에 찰흙으로 작품을 만들 때는 말랑말랑해서 손이 가는 대로 이 방향 저 방향 잘 빚어진다. 혹 잘못 만들었다 싶으면 다시 찰흙을 주물러서 손쉽게 새로운 작품을 만들 수 있다. 그런데 찰흙이 상온에서 약 5~6시간 지나면 점점 물기가 없어져 굳게 된다. 그렇다 보니 작품을 수정하기도 힘들다. 하지만 찰흙에 물을 묻히면 약간의 수정은 가능하다. 찰흙 작품을 상온에 하루 정도 두면 단단히 굳어서 더 이상 작품을 고칠 수 없게 된다. 힘을 가해 어딘가를 고치려고 하면 찰흙이 툭 하고 부러지거나 망가진다.

자녀교육도 찰흙공예와 마찬가지다. 적절한 때가 있는 것이다. 전에 고등학교 자녀를 둔 학부모의 후회 섞인 한탄을 들은 적이 있다. 아이가 초등학교 시절 부모가 한 푼이라도 더 벌겠다고 아이를 다른 사람 손에 맡기거나 집에 혼자 방치한 시간이 많았다. 그러한 요인으로 아이의 정서불안과 부모와의 소통단절, 폭력성향 등이 나타났다는 것이다. 그 학부모는 자신의 예전 양육방식을 크게 후회했다.

아이의 초등학교 시절은 아직 찰흙의 물기가 있는 때다. 부모의 충고와 권유에 따라 아이의 언행과 습관이 바뀔 수 있다. 초등학교 시절에는 성격 형성이 완전히 이루어지지 않았기 때문에 부모의 노력으로 변화할 가능성이 충분하다. 즉 초등학교 시절은 인성교육과 생활습관을 만들기에 결정적인 시기라고 말할 수 있다.

특별히 6학년 시절은 최고 학년이 되어 스스로 독립하고자 하는 성향이 강해지고 감정 기복도 심해진다. 아이들은 '나는 어떤 사람일까'에 대한 고민을 하게 된다. 그리고 주위 사람들과 어떻게 지내고 살아가는지에 대한 행동양식도 차츰 자리 잡게 된다. 따라서 이 시기에는 편안한 환경보다는 낯설고 다소 힘든 환경에서 갈등이나 어려움을 스스로 극복해나가도록 만들어주어야 한다. 그럼으로써 아이의 독립심을 키울 수 있다.

이를 위해서 학교에서 진행되는 수련활동은 물론이고, 방학을 맞이해 다른 학교 학생들과 어울리는 어린이캠프도 참여해봐도 좋을 것이다. 가족 여행으로 마냥 편안한 코스보다는 다소 불편하더라도 탐험 요소가 있는 캠핑을 떠나는 것을 권한다. 방학 동안에 아이가 할머니 혹은 친척 집을 방문하며 부모가 아닌 사람들과 지내는 경험을 해도 좋겠다. 이를 통해 아이는 독립심만이 아니라 자기 자신에 대한 발견, 부모님에 대한 효를 생각해볼 수 있다. 또한 중학교라는 낯선 환경에 대한 열린 적응력을 기를 수 있다.

아이가 고등학생이 되면 사춘기를 지나면서 독립적인 존재로서 자신의 목소리를 낸다. 이때는 찰흙이 완전히 굳어진 시기와 같다. 이 시기에 부모가 강압적인 태도로 변화를 지시하면, 아이는 큰 상처를 받고 부모와의 소통 문을 아예 닫아버릴 수도 있다. 마치 굳어진 찰흙 작품을 고치려다 부러뜨리는 것처럼 말이다.

최고 학년이 된 우리 아이, 어떻게 소통해야 할까?

초등학교 시절은 변화의 가능성이 무한한 때다. 이 시기를 놓치지 말아야 한다. 특히 그 마지막인 6학년 시기를 꼭 주목해야 한다. 그렇다면 어떻게 해야 우리 아이가 바르고 고운 인성으로 독립심을 키워갈 수 있을까? 그 방법을 이야기해보자.

첫째, 부모가 먼저 마음을 다스릴 줄 알아야 한다. 아이의 인성에 가장 많은 영향을 끼치는 절대적인 존재는 부모다. 부모가 아이를 지도할 때 가장 중요한 것이 '화에 대처하는 방법이다.' 부모가 화를 참지 못하고 아이에게 감정적으로 대하면 아이는 공포, 불안, 초조함을 느껴 대화가 단절되고 무의식적으로 교육에 악영향을 끼친다. 다음 사례를 보자.

교실에서 친구들에게 습관적으로 주먹을 휘두르는 학생이 있었다. 친구들과 잘 지내다가도 자신의 의견과 다를 때, 조금이라도 짜증이 날 때 말보다 주먹이 먼저 나가는 친구였다. 친구와 싸움이라도 벌어지면 눈이 뒤집혀서 마치 다른 사람이 된 것처럼 씩씩거리며 달려든다. 심지어 싸움을 말리는 교사의 저지도 뿌리치며 큰 소리로 "비켜!"라며 울분을 참지 못했다. 누구든 이러한 아이를 지도하는 것은 절대 쉽지 않고, 간혹 화가 치밀어 오르기도 할 것이다.

나는 이러한 아이들을 지도할 때 몇 가지 방법을 쓴다. 먼저 싸움이 일어난 장소에서 바로 지도하기보다는 아이를 지도하는 교사 책상으로 데리고 온다. 첫 번째, 화로 가득한 마음을 누그러뜨리기 위한 '시간을 버는 것'이다. 이어서 가해자와 피해자 각각 한 명씩 아주 짧게 이야기를 들어본다.

"민혁이가 제 연필을 빼앗어서 주지 않고 장난을 계속치는 거예요."

"아니에요. 찬민이가 연필을 저한테 줬어요. 그건 제 것이에요."

아이들이 한마디씩 말하는 동안 나는 스스로에게 암시를 건다. '절대 경청! 절대 경청!' 그리고 아이들이 말하는 목소리 톤과 말의 속도 억양까지 그대로 흉내 내서 아이의 말을 다시 한 번 말해준다. 두 번째로, '아이의 감정을 읽어주는 것'이다.

"너희들의 생각이 각자 다른 것 같아. 종이 한 장을 줄 테니 어떻게 싸움이 나게 되었는지, 내가 잘한 것은 무엇이고 잘못한 것은 무엇인지 차분히 써보자."

아이들이 자신의 생각과 주장을 종이에 쓰면서 감정적 영역에서 이성적 영역으로 넘어오게 된다. 자연히 흥분은 가라앉는다.

아이가 동생과 또는 형, 누나와 다툼을 벌일 때, 혹은 자기만의 문제를 일으켰을 때 부모는 이 해결 방법을 적절히 응용해 써보았으면 한다. "시간 벌기 - 짧게 자기 목소리를 내게 하기 - 아이 감정을 읽어 주기 - 글로 쓰면서 이성적으로 생각하게 하기 - 부모와 대화하며 문제 해결하기" 순으로 말이다.

아이가 사춘기라면 감정의 기복이 심하고 사소한 것에도 쉽게 분노한다. 적절한 지도와 코칭으로 아이의 성장통을 현명하게 보내는 것이 중요한다. 여기에도 물론 부모의 역할이 절대적이다.

둘째, 부모의 대화법이다. 6학년 자녀를 독립된 인격체로 대우하며, 대화하는 것에 서툰 부모들이 꽤 많다. 습관적으로 공부나 일상적인 이야기만 하고 '소통과 영감을 주는 대화'는 하지 않는 부모들이 많은 것이다.

인디언(Native American)의 자녀교육 11계명 가운데 '비판 속에서 자란 아이는 비난을 배웁니다.' '인정받으면서 자란 아이는 자신을 소중히 여깁니다.'라는 계명이 있다. 부모가 아이에게 어떠한 영향력을 행사하는지에 따라 아이는 달리 성장한다. 부모의 영향력에 가장 핵심적인 요소가 바로 '말'이다.

그렇다면 6학년인 자녀와 어떻게 대화하는 것이 좋을까? 아이와 마음이 오고 가는 진솔한 대화를 하려면 먼저 아이와 애착관계가 회복되어야 한다. 정서적 안정감과 애착관계가 형성되어 있지 않다면, 대화를 하고 있지 않는 것이다. 아이와의 소통에 문제가 있다고 느끼는가. 그렇다면 먼저 부모가 아이에게 용기 있게 사과해야 한다. 아이에게 부모로서 미안한 점, 잘못 교육한 점, 친근한 부모가 되지 못한 것에 대해 고백하고 용서받아야 한다.

"동석아, 아빠가 회사일이 바쁘다는 이유로 늘 술 먹고 들어와서 너한테 잔소리만 늘어놓았던 것 같아. 네가 학교에서 어떻게 생활하는지에 대해 관심 갖기보다 수학 점수만 놓고 너를 판단했던 것 같아. 많이 미안하구나. 너도 이제 6학년이구나. 너도 이제 나름의 생각이 있고 판단이 설 나이인데. 그동안의 아빠 모습을 용서해줄 수 있겠니?"

부모가 아이에게 무릎을 꿇고 먼저 손을 내밀 때, 아이 마음 깊은 곳의 응어리는 사르르 녹는다. 그리고 부모를 향해 마음의 문을 열게되는 것이다. 아이가 마음을 열면, 부모는 아이와 공감대를 형성하고 이를 넓혀가고자 노력해야 한다.

호진이가 6학년이 되면서 호진이 엄마는 형을 보살피느라 호진이를 제대로 돌보지 못한 것에 대해 용기 내어 용서를 구했다. 그리고 형이 야간 자율학습을 할 때, 호진이와 영화를 보러 가고 외식도 즐기면서 호진이의 섭섭함을 어루만져주었다. 우리는 둘 사이에 비밀을 공유할 때 더 친밀함을 느끼지 않는가. 호진이 형에게는 데이트 사실을 비밀로 하면서 가까워짐을 느꼈다고 한다.

기철이 아빠는 기철이가 6학년이 되면서 말수가 부쩍 적어지자 일주일에 회식 횟수를 1회로 단호히 줄이고 기철이와 더 소통하고자 노력했다. 기철이가 학원을 가지 않는 날이면, 동네에 위치한 문화센터에서 함께 탁구를 쳤다. 기철이는 처음에 아빠가 갑자기 왜 이러나 하는 반응을 보였다. 하지만 시간이 지나면서 기철이와 아빠의 대화 시간도 조금씩 늘어났다고 한다. 아빠의 학창시절 이야기도 듣고, 기철이도 학교생활을 아빠와 공유하게 되었다. 요즘은 주말이면 아빠와 낚시를 다니면서 친구처럼 지낸다고 한다.

성적에 과하게 신경 쓰며 은희의 시험점수에 일희일비하던 은희 엄마는 학습 때문에 은희와 틀어진 관계를 회복하고자 각별히 노력을 기울였다. 주말 농장을 분양 받아 은희와 함께 텃밭 일구기를 시작했다. 예전에 은희 엄마는 주말이면 은희에게 공부하라고만 다그쳤다. 이제는 도심을 떠나 은희와 흙을 만지고 수확의 기쁨을 나누면서 아이의 마음을 두드린다고 한다. 텃밭의 일부를 은희에게 맡겨 상추와 감자, 고구마를 심게 하고 잡초를 뽑아 직접 가꾸게 했다. 은희가 정성스레 텃밭을 일궈가는 모습을 보면서 은희 엄마는 그동안 자신의 생각이 잘못되었음을 느꼈다. 은희가 늘 챙겨주어야만 하는 아이인줄 알았는데, 이제 보니 혼자서도 씩씩하게 해나갈 줄 아는 아이였던 것이다.

자녀와 대화할 때 가장 중요한 것은 부모와의 애착관계가 형성되었는지다. 이것이 탄탄하면 어떠한 주제든 마음 편히 이야기할 수 있다. 혹 아이가 잘못하여 꾸중하더라도 아이는 '부모님이 나를 사랑해서 하시는 말씀이야.'라고 받아들일 수 있다. 6학년이 된 아이를 존중하고, 수평적 입장에서 아이의 말을 들으려 해야 한다. 최대한 아이의 말을 듣고 또 듣고, 적극적으로 반응해주어야 한다.

기다림의 교육은 단순히 아이 스스로 변화하리라 믿고 기다리는 것이 아니다. 물론 아이의 변화 가능성을 믿고 지지하는 것도 중요하지만 더불어 적절한 코칭이 있어야 한다. 자녀 코칭의 중요한 원칙을 기억하라. 1. 아이에게는 무한한 가능성이 있다. 2. 아이에게 필요한 답은 아이 내부에 있다.

우리 아이 인성교육,
부모와 함께 행동이 아닌
생각을 바꿔라!

인성의 사전적 의미는 '사람의 성품, 각 개인이 가지는 사고와 태도 및 행동특성'을 말한다. 인성교육은 큰 산을 옮긴다는 마음으로 장기적인 안목을 가지고 접근해야 한다. 시험 점수는 시험을 대비해서 '반짝' 열심히 공부하면 성적이 오를 수 있다. 그러나 인성교육은 그렇지 않다. 부모가 꾸준히 노력해도 그 결과가 짧게는 6개월, 길게는 1년 후에 나타나게 된다. 따라서 부모도 인내심을 가지고 묵묵히 아이 변화에 대한 강한 신념으로 적절한 교육을 진행해나가는 것이 좋다. 그렇다면 우리 아이가 올바른 인성으로 자라기 위해서는 어떠한 노력들이 필요할까?

부모는 살아 있는 도덕 교과서 🖊

사회학습이론으로 유명한 캐나다의 심리학자 앨버트 반두라(Albert Bandura)는 관찰학습을 주장했다. 이것은 '사람은 실제 상황에서 다른 사람의 행동을 단지 관찰하는 것으로도 행동의 변화가 나타난다'는 내용이다. 아이가 상황에 따른 부모의 말과 행동에 주의 집중하고 이를 기억하였다가 고스란히 행동하고 말한다는 것이다. 예컨대 부모가 횡단보도에서 자동차가 오지 않아서 빨간불인데도 길을 건넜다고 해보자. 아이가 이것을 주의 깊게 관찰했다면 다음번 같은 상황에서 부모처럼 행동할 수 있다는 것이다.

'백문(百聞)이 불여일견(不如一見)'이다. 부모가 아무리 "차 조심해라."라고 이야기하더라도 아이가 실제 부모의 제대로 된 행동을 보는 것보다 못하다. "친구들과 사이좋게 지내라." "선생님께 인사를 잘해라." "욕설을 해서는 안 된다."는 충고와 함께 부모가 이러한 모습을 자연스럽게 자녀에게 보여주도록 노력하자. 부모가 먼저 다가가서 반갑게 인사하는 모습, 화가 나도 이성적으로 행동하는 모습, 욕설을 삼가고 긍정적이고 좋은 말을 하는 모습을 보여주자. 부모는 아이들에게 살아 있는 교과서이고, 생생한 교육방송인 것이다. 한번은 엄마에 대해 좋지 않게 이야기를 하는 아이가 있었다.

"우리 엄마는 할 일 없이 놀아요."

"엄마가 집에 놀긴 왜 놀아. 너희 방 청소며, 빨래며 얼마나 많은 일을 하시는데."

"아빠가 엄마는 집에서 논다고 짜증내요."

아이의 이야기를 들으니, 평소 아이 아빠가 아이들 앞에서 엄마를 무시하는 발언을 서슴지 않음을 알 수 있었다. 부모의 작은 말 한마디가 아이의 인성을 만든다. 아빠가 엄마를 존중하지 않고, 부부가 아이 앞에서 거친 말로 부부싸움을 한다면 아이가 불안하고 삐뚤어지는 것은 당연한 결과일 것이다. 아내는 남편을, 남편은 아내를 서로 존중해주어야 아이들도 부모를 존경하는 것이다.

물론 일상생활에서 화가 나는 경우가 있다. 그럴 때는 가장 먼저 크게 심호흡을 한다. 그런 다음 아이에게 정서상 좋지 않은 영향을 줄 것 같다면 양해를 구하자. "예원아 엄마가 중요한 전화를 해야 하는데 네 방에 잠시 가 있을래?" "예린아, 엄마가 중요한 손님이 오셔서 대화 중이니까 놀이터에서 놀고 있을래?" 같이 말이다.

자동차 운전을 하다가도 얌체운전을 하거나 거칠게 차를 모는 사람을 보면 순간적으로 화가 날 때가 있다. 그때도 항상 아이가 지켜보고 있고, 엄마 아빠의 말을 듣고 있음을 명심하자. 먼저 긴 호흡을 내쉬면서 "무척 바쁜 일이 있는가 보네."라고 웃어넘길 수 있어야 바로 프로 부모다. 거친 말과 욕설을 퍼붓는다면 아이들도 그걸 고스란히 따라 한다. 아이들이 운전할 일은 없겠지만 친구끼리 인터넷 채팅을 하거나, 스마트폰 메신저로 대화하다가 순간적인 감정 폭발이 일어날 수 있다. 그럴 때 부모의 행동을 떠올리며 거친 말과 욕설로 감정을 드러낼 수 있다는 것이다. 프로 부모답게 행동한다면 아이도 화가 났을 때 "너 오늘 기분이 무척 안 좋은가 보네."라고 말하며 여유로운 자세를 가지게 될 것이다.

또 한 가지 유의해야 할 부분이 있다. 익명성이 보장되는 인터넷에서 악플을 다는 친구들, 얼굴이 가려진 사이버 공간에서 상대를 배려하지 않는 대화에 대해서도 기회가 될 때마다 '스마트 예절교육'을 알려줘야 한다. 내가 다른 사람의 말로 상처를 받은 적이 있듯이, 나의 말 한마디가 다른 사람에게 깊은 상처가 될 수 있다는 걸 알려주자. 그 상처가 오래 동안 기억된다면 매우 마음 아픈 일이란 걸 아이가 알아야 할 것이다. 기억하자. '부모가 바로 살아있는, 그리고 살아가는 도덕 교과서다.'

잔소리는 이제 그만!
아이가 스스로 문제를
인식하게 하자!

6학년인 승훈이 부모는 늘 고민이다. 외동아들인 승훈이는 어릴 적부터 할머니의 손에서 오냐 오냐 하며 자랐다. 그래서인지 승훈이는 학교에서 자신의 주장이 받아들여지지 않으면 화를 내며 친구에게 폭력을 서슴지 않았다. 상담을 통해 승훈이 아빠가 술을 마시면 가끔 아이에게 손을 댄다는 것을 알게 되었다. 승훈이의 독불장군식 행동을 좋아할 친구는 아무도 없었다. 또한 친구들이 승훈이 앞에 모여 이야기하고 있으면 승훈이는 "선생님. 저기 애들이 제 욕을 하고 있어요."라고 말할 정도로 피해의식이 강했다. 아이들은 자연스럽게 승훈이를 멀리했고, 승훈이는 외롭게 학교생활을 하게 된 것이다. 승훈이는 툭하면 "학교가 재미없어. 학교에 오기 싫어."라고 혼잣말했다.

6학년이면 아이들의 머리도 굵어져서 나름의 주관이 생긴다. 때문에 선생님의 지시에 무조건적으로 순응하지 않는다.

"선생님. 제가 왜 승훈이와 짝이 되어야 돼요? 자리를 바꿔주세요."

"선생님. 승훈이 때문에 수업에 집중할 수 없어요. 다른 친구와 짝하고 싶어요."

아이들은 승훈이와의 갈등을 토로했다. 그런 아이들에게 교사는 "그래도 학급회장이 이해하고 승훈이를 용서하려고 노력해 봐. 회장은 학급의 친구들을 껴안으려는 포용력이 필요해."라고 타일러 보았지만 그 약발이 한 달을 넘기기 힘들었다.

이러한 상황을 어떻게 지도해야 할까? 어떻게 하는 것이 아이들의 근본적인 생각을 바꿀 수 있을까? 정답은 독서토론이다. 독서토론은 책으로 스토리텔링이 진행되고, 주어진 상황에 제시된 토론주제에 대해 논쟁이 이루어진다. 모든 학생들이 동일한 책을 읽고, 책에 등장하는 주인공과 갈등 문제들을 확인하고, 자신의 생각을 정리한다. 그리고 토론을 통해 효과적인 해결 방법을 찾아보는 것이다.

학급 안에서 문제가 된 왕따, 학교폭력에 관한 책 《까막눈 삼디기》를 놓고 독서토론을 진행했다. '왕따의 문제는 왕따를 당하는 학생의 언행 문제인가, 왕따를 가하는 학생의 잘못된 생각 문제인가?'

란 주제로 토론했다. 아이들은 자신의 생각을 꺼내놓았다. 토론이 진행되면서 생각보다 다양한 아이들의 의견에 놀라움을 금치 못했다.

"저는 왕따를 당하는 학생의 문제라고 생각합니다. 그들의 이기적인 행동, 거친 욕과 행동 때문에 다른 친구들에게 혐오감을 주니까요. 자연히 왕따를 자처하게 되는 것이라고 생각합니다."

"왕따를 가하는 학생들의 문제입니다. 친구들이 막연히 왕따 학생을 싫어하고, 누군가 왕따 학생과 어울리면 그 친구를 이상한 시선으로 바라보기 때문에 악순환이 계속되는 것입니다. 사실 왕따 학생과 이야기를 나누어 보면, 마음씨가 나쁘다기보다 성격이 지극히 내성적이어서 표현이 서툰 친구들도 많았습니다."

"저 역시 왕따를 시키는 아이들이 문제라고 생각합니다. 누구에게나 이기적인 부분들이 있습니다. 그런데 자신의 단점을 보진 못하고 다른 친구의 작은 결점만 보고, 그것이 마치 그 친구의 전부인 것처럼 이야기하고 판단하는 건 나쁘다고 생각합니다. 그러한 친구들이 왕따를 만드는 것이라 생각합니다."

"먼저 왕따 학생에 대한 선입견을 버리고, 다가가 말을 걸어봐야 할 것입니다."

"진정한 친구란 친구의 잘못을 이야기해줄 수 있는 친구라고 생각합니다. 또한 잘못한 친구는 이를 인정하고 친구의 충고를 존중해야 할 것입니다."

"성격이 다르다는 걸 인정하고 나와 다르다는 이유로 친구를 깔보는 행동을 자제해야 할 것입니다."

토론은 하나의 문제에 대해 깊이 생각해볼 기회를 준다. 또한 서로의 입장을 바꾸어서 생각해보는 역지사지(易地思之)의 기회가 된다. 이를 통해 학생들은 스스로 자신의 잘못된 생각과 행동을 깨닫고 변화의 필요성을 직접 느끼게 되는 것이다. 교사나 부모가 10번, 20번 반복해서 충고해도, 아이 스스로 한 번 깨닫는 것만 못하다. 아이가 스스로 깨닫게 이끄는 최고의 전략은 주제와 적절한 책으로 독서토론을 하는 것이다.

아이와 함께 독서토론을 하는 방법

독서토론은 집에서도 충분히 활용할 수 있다. 아이에게 '날을 잡아 한 소리 해야겠어!'라고 마음먹었다면 이것을 '어떤 책으로 이야기를 나눠볼까?'로 바꿔보자. 주제에 따라 독서토론을 하기 좋은 책을 몇 권 추천해보면 다음과 같다.

아이가 형, 누나 또는 동생과 자꾸 다툼이 심하다면 《그래도 나는 누나가 좋아》(논장)를 읽어보자. 아이가 사춘기를 겪으면서 부모와 갈등이 심하다면 《나의 어설픈 영웅, 안톤》(책그릇)으로 토론해봐도 좋을 것이다. 아이에게 믿음, 도움, 정직, 결심, 웃음에 관한 가치를 심어주고 싶다면 《성공을 위한 5가지 가치 이야기》(월드김영사)를 골라보자. 아이가 수학 공부를 왜 하는지 모르겠고 하며 수학에 대한 불만이 가득하다면 《숫자로 보는 세상의 비밀》(비룡소)를 펼쳐보자. 아이가 자기 통제력이 부족해 작은 유혹에도 쉽게 흔들리는 것 같다면 《어린이를 위한 마시멜로 이야기》(깊은책속옹달샘)를 읽고 토론해볼 것을 추천한다.

책을 고를 때는 주변의 추천도 좋지만 책 소개를 하는 책을 읽거나, 독서카페의 서평을 참고해도 좋을 것이다. 무엇보다 현재 우리 아이의 상황에 맞는 책을 고르는 것이 효과적이다.

6학년이 들어서 아이에게 자꾸 잔소리할 일이 생기는가. 내년에 중학교에 들어가기 전에 좋은 습관을 들여야 하는데 잔소리를 계속해도 아이 행동에 변화가 없는가. 잔소리와 지적으로 인해 아이와의 관계가 틀어져서 더 이상 말하기가 두려운가. 아이와의 대화가 적어지고 있는가. 이 모든 문제는 독서토론으로 해결할 수 있다. 한 달에 2회 정도 아이와 함께 책을 읽고 이야기해보자. 기대를 뛰어넘는 변화를 실감하게 될 것이다.

부모가 미리 토론 주제를 정하고, 온 가족이 주어진 책을 읽는다. 날짜를 정해 토론 주제에 관한 찬반으로 나누어 토론을 진행하면 된다. 아이가 토론을 하면서 부모가 해주고 싶은 말을 스스로 이야기하는 모습을 보고 깜짝 놀랄 것이다. 분명히 '우리 애가 다 컸구나. 내가 하려던 이야기를 하고 있다니. 그래. 아이가 몰라서 하지 않았던 것이 아니야. 또 잔소리만 할 뻔했어.'라고 생각할 것이다.

아이가 따뜻한 보금자리를
떠나게 하자

요즘은 외동이 많고 가정에 자녀가 많아야 두 명 정도인 경우가 대부분이다. 예전에는 자녀가 많았고 또한 대가족 형태로 살았기 때문에 '함께 살아가는 방법'을 자연스럽게 가정에서 배울 수 있었다. 여러 사람이 모두 행복해지기 위해 '양보, 배려, 이해'라는 단어를 머리로 배우기 전에 손과 발로 먼저 배웠던 것이다. 그런데 요즘은 상황이 달라졌다. 핵가족 형태인데다가 아이가 혼자 아니면 둘로 자라다 보니 자기중심적인 경향이 강하다. 실제 부모도 귀한 자식에게 무엇이든 해주려고 하고, 아이의 기를 죽이고 싶지 않아 한다. 그렇다 보니 아이들은 더욱 남보다 자기가 우선이라는 생각을 가지는 것 같다. 어찌 보면 시대의 흐름에 따른 자연스러운 결과물이다.

현실이 이러하니 이제 우리 아이에게 더불어 살아가는 사회임을 부모가 잘 알려주어야 한다. 사람들 가운데서 인정받고 행복하게 살아가야 함을 아이에게 가르쳐주어야 한다. 또한 친구들과 어떻게 소통하는지, 어떻게 예(禮)를 갖추는지도 진지하게 교육해야 한다.

한편 6학년인 아이는 자신의 꿈과 진로에 대해서도 적극적으로 고민하게 된다. 이를 위해 학교와 집이라는 울타리를 벗어나 다른 환경에도 두려움을 떨치고 잘 적응할 수 있는 '환경 적응력'도 길러져야 한다. 이를 위해 나는 또래 친구들과 새로운 곳에서, 새로운 내용을, 새로운 선생님에게 배울 수 있는 기회를 놓치지 말라고 당부한다.

방학 또는 주말, 아이들이 집 안에서 지내다 보면 부모와 사소한 일에도 마찰음이 생기게 된다. 부모는 아이와 하루 종일 얼굴을 마주하는 방학 기간이 힘든 시간으로 느껴지기까지 한다. 인격 면에서 아직 미성숙한 아이는 자신에게 편한 존재인 부모에게 정중히 예(禮)를 갖추어야 한다는 생각이 거의 없다. 조금만 자기 마음에 들지 않으면 쉽게 짜증을 낸다. 편안한 집에서 자기가 원하는 대로 하려 하고 시간의 소중함을 알지 못한 채 생활한다. 그러다 보니 부모의 보호가 얼마나 감사한 건지 알지 못하는 것이다. 학교에서 도덕시간에 올바른 행동에 대해 배우긴 했지만, 머리와 손까지의 거리는 상당히 멀다. 또한 목표는 있지만 실제 생활과의 간격이 있어 보이고, 작은 유혹에도 쉽게 흔들린다. 이러한 아이들을 위해 부모는 절제력과 통제력을 키워줘야 한다.

아이의 환경 적응력을 길러주고 올바른 인성을 키우려면? 🍃

아이에게 '함께 살아가는 법', '손과 발을 위한 실천적 도덕교육', 그리고 '자기 통제력'을 키우기 위한 세 가지 방법을 추천한다.

첫째, 다양한 캠프에 참여시키는 것이다. 아이가 주말 혹은 방학 동안을 대부분 가족과 함께 지낸다. 다른 친구들은 시간을 어떻게 보내고, 어떤 생각을 하는지 교류할 기회가 필요하다. 이를 위해 지자체나 사회복지기관에서 주최하는 '가족캠프'에 참가해볼 것을 추천한다. 1박2일 동안의 체육활동, 만들기, 게임 등 여러 활동을 하면서 가족 간의 유대감도 높이고, 다른 가족들과도 자연스럽게 어울릴 수 있다. 또한 지역 도서관의 부모와 함께하는 체험활동 프로그램에 참여해도 좋을 것이다. 이러한 프로그램으로 아이와 소통하고 친밀해지도록 노력하자.

초등학교의 마지막 학년인 만큼 아이가 곧 다가올 새로운 환경에서 새로운 친구들과 마음을 열고 친해지기 위한 연습이 필요하다. 인간관계에서는 자신이 먼저 낮아져야 상대방이 마음의 문을 열고 다가온다. 만일 아이가 자기중심적이라면 친구관계에 문제가 있을 수밖에 없다. 변화의 시기와 사춘기가 겹쳐 가뜩이나 아이가 자신과 다른 사람에 대해 민감하고 까칠해지는 때다. 아이의 환경 적응력에 부모가 관심을 가져야 하는 이유다. 이 말을 떠올리자. 'Practice makes perfect!' 즉 연습이 탁월함을 만든다. 좋은 인품과 인성을 가진 아이로 키우고 싶다면 이를 위한 많이 연습시켜야 한다.

가족캠프만이 아니라 아이 혼자 캠프에 가는 경험도 중요하다. 부모 입장에서는 아이를 혼자 보낸다는 것이 여간 마음 쓰이는 것이 아니다. '혹시 다치진 않을까. 무슨 일이 생기진 않을까.' 이러한 걱정은 당연한 것이다. 아이의 '홀로서기' 연습을 위해서는 안전이 확보되고 검증된 캠프인지를 엄밀히 따져서 보내야 한다. 이러한 캠프에는 배움의 목적을 둔 영어캠프, 수학캠프, 과학캠프 등이 있고, 어떻게 공부하는지에 대해 탐구하는 공부캠프, 예절캠프, 독서캠프 등 다양한 프로그램이 나와 있다.

남자들이 군대에게 가면 효심(孝心)이 강해진다. 집에서 편안하게 생활할 때는 미처 몰랐던 부모의 사랑을 많이 실감하게 되기 때문이다. 6학년 아이도 마찬가지다. 병찬이는 얼마 전 해병대캠프를 친한 친구 없이 혼자 다녀왔다. 일주일간의 캠프를 통해 병찬이는 360도 바뀌었다. 평소 병찬이는 엄마 아빠를 향한 사랑 표현이 서툴렀다. 그러던 아이가 캠프 기간에 부모님께 쓴 편지에는 "사랑해요. 많이 보고 싶어요."라는 표현이 절절하게 적혀 있었다. 그리고 컴퓨터 앞에 앉아 밥을 몇 숟가락 먹는 것이 고작일 만큼 게임중독 증세가 심했는데, 캠프에 다녀온 뒤로는 식탁에 앉아 밥알을 한 톨도 남기지 않고 다 먹는 아이로 변했다.

가끔은 '거리 두기 전략'이 필요하다. 즉 아이와 부모 사이에 적당한 거리를 둠으로써 서로에 대해 생각해볼 시간을 가지는 것이다. 너무나 소중하고 귀한 존재지만 늘 가까이 하고 있다면 그 소중함을 망각할 수 있다. 때문에 이따금 거리가 필요하다. 조금 떨어져서 상대에 대한 관심과 사랑에 감사한 마음을 가지게 하는 것이다. 사람이 삶의 터전을 떠나 다소 힘든 여행을 하면 반복되는 일상이 얼마나 소중하고 감사한지를 느끼게 되는 것처럼 말이다.

둘째, 봉사활동이다. 학교생활기록부에는 학생의 봉사활동을 기록하는 공간이 있다. 어디에서 어떤 봉사활동을 얼마나 했는지를 누적해서 기록하는 것이다. 봉사활동이란 자발적으로 남을 돕는 것을 말하는데, 약간은 강요 느낌이 들기도 한다. 그런데 뒤집어 말하면, 그만큼 학생들이 봉사활동을 하지 않기 때문에 다소 강제적으로라도 하게 만들기 위한 묘책인 것이다.

아이의 '나만 잘살면 돼.', '나만 행복하면 돼.'라는 이기적인 생각을 바꿔줄 수 있는 건 봉사활동이다. 아이들은 다른 사람을 위해 대가 없이 나의 힘과 노력을 준다는 걸 처음에는 잘 이해하지 못한다. 그러나 봉사활동을 통해 나의 헌신이 다른 사람에게 큰 기쁨이 된다는 걸 확인하고 내가 더 행복해짐을 느끼게 된다. 그렇다. 결국 봉사는 남을 위해 하는 것 같지만 결국 나를 위해 하는 것이다. 내가 더 행복해지고 내 삶이 더 풍요로워지기 위함이다. 아이들은 다른 사람, 더 나아가 우리 사회를 위해 무언가를 했다는 뿌듯함을 느끼게 된다.

원진, 원희 부모는 조금의 틈만 나면 아이들과 근처 장애인시설로 봉사활동을 간다. 엄마, 아빠가 모두 사회복지사라서 봉사가 몸에 배어 있기도 하지만, 이것은 아이들을 위한 결정이다. 아이들이 봉사를 하면서 달라지는 것을 몸소 체험했기 때문이다. 봉사활동을 하기 전에 남매는 주말이면 늦잠을 자기 일쑤였다. 그러나 이제는 주말이면 아침 일찍 일어나 부모님과 함께 장애인시설에서 친해진 사람들에게 갖다 줄 간식을 함께 준비한다. 아이들은 장애인들에게 웃음을 주기 위해 대중가요의 춤도 연습한다. 얼마 전부터 원진이는 기타를 배우기 시작했는데, 이것은 장애인들에게 기타를 치면서 함께 노래하면 좋겠다는 생각이 들어서였다고 한다. 원진, 원희 부모님은 봉사교육의 효과가 매우 크다는 것을 강조한다.

"아이가 베푸는 것의 기쁨과 행복을 배워가는 것 같아요. 자신의 용돈을 아껴서 시설 친구의 생일날 학용품을 선물해주더라고요. 아직 어리지만 봉사를 하면서 궂은일도 하려는 모습을 볼 때 봉사교육이 정말 중요하다는 걸 느껴요. 봉사는 부모가 직접 보여주는 교육이잖아요. 말이 아닌 행동으로 말이지요. 그래서 아이들은 자연스럽게 따라오는 것 같아요."

　마지막으로, 종교를 가지는 것을 꼽는다. 기독교, 천주교, 불교 등 어느 종교를 막론하고 '바르고, 정직하게, 행복하게 주위 사람들을 섬기며 살아가기'를 강조한다. 그리고 절대 신의 모습에 자신의 모습을 비춰보며 반성하고 늘 자신을 새롭게 하고자 노력한다. 실제로 학교에서 정서적으로 안정된 아이들은 대부분 자신의 종교에 대한 깊은 믿음이 있었다.

　미현이는 새벽 5시에 일어나는 것이 너무나 자연스럽다. 5시에 일어나 QT(Quiet Time)를 하면서 말씀을 묵상하고 엄마와 함께 집 앞의 교회에 새벽기도를 간다. 하루를 경건하게 시작하고, 오늘 할 일을 확인한다. 그리고 저녁시간에는 가정예배를 드리면서 하루를 반성하며 오늘보다 나은 내일을 그린다. 방학이 되면 수련회에 가서 다른 아이들과 함께 지내기도 하고, 주일마다 성가대 활동을 하며 여러 사람들과 소통한다.

　미현이의 성적은 학교 선생님들도 혀를 내두를 정도로 우수하다. 공부만이 아니라 친절하고 웃음이 많아 친구들에게도 인기가 많다. 하루는 미현이에게 공부 1등, 인기 1등을 하는 비결이 무엇인지 물었다. 미현이는 쑥스러워하며 말했다.

　"저희 엄마가 늘 저를 위해 아침, 저녁으로 기도해주셔서 그런 것 같아요. 이다음에 제가 결혼해서 아이를 낳으면 저도 아이를 기도와 말씀으로 키우고 싶어요. 엄마, 아빠처럼요."

아이에게 좋은 인성, 바른 성품을 길러주는 인성교육의 정답은 없다. 그러나 여러 해답들은 있다. 자녀에게 맞는 적절한 인성교육의 방법을 찾아 일관성을 가지고 꾸준히 실천해나가기 바란다.

우리 아이는
지금 동굴에서 칩거중

6학년 학부모들의 걱정은 바로 아이의 사춘기다. 그중 부모가 가장 곤혹스러워하는 모습이 바로 아이가 부모를 거부하고 대화를 피하는 것이다. 부모 품을 사랑스럽게 파고들던 내 아이가 일순 자신을 피하다니, 그 상실감은 실로 어마어마하다. 그렇다 보니 학부모 상담에서 이 고민에 대한 이야기가 빠지지 않고 나오게 된다.

"선생님, 초등학교 3학년 때로 돌아가고 싶어요. 3학년 때 우리 아이는 학교에서 돌아오면 있었던 일을 종알종알 이야기했어요. 그랬던 아이인데, 6학년이 되면서 그 모습은 온데간데없이 사라졌어요.

최근처럼 아이에게서 '아니오.' '싫어요.' '됐어요.'란 말을 많이 들었던 적이 없는 것 같아요. 제가 알던 아이가 아닌 것 같아요. 부모로서 무얼 잘못했나 싶기도 하고. 어쩔 때는 '대체 왜 저러나' 싶어서 한숨만 나와요. 아이가 사춘기라고 생각하지만 너무 힘들고 지치네요."

"선생님, 저희가 맞벌이라서 아이와 대화시간이 많이 부족한 것은 사실이에요. 그래도 예전에는 전화로 이런저런 이야기도 하고, 주말에도 결혼식이며, 나들이도 아이가 늘 함께 가려고 해서 대화할 기회가 많았죠. 그런데 6학년이 되면서 아이가 어디를 따라가려고 하지도 않고, 자기 방에 혼자 있으려 하니 말할 기회가 별로 없어요. 질문을 해도 "예. 아니오."로만 대답해요. 약간 걱정이 되어 한마디 하려고 하면 아이가 강하게 저항하거나 아예 들은 척도 하지 않아요. 그걸로 애 아빠가 크게 혼을 냈는데, 그다음부터 아이가 더욱 마음의 문을 닫은 것 같아요. 후회는 되는데 어떻게 해결해야 될지 모르겠어요. 아이가 점점 엇나가는 것 같기도 해요."

6학년인 아이는 정신적으로도 육체적으로도 가파른 성장을 겪게 된다. 자연스럽게 부모 품에서 벗어나 스스로 독립하려는 몸부림이 강해진다. 그렇기 때문에 예전의 마냥 귀여운 아이 같았던 모습이나, 사랑스러운 아이의 모습만 떠올리며 아이에게 다가섰다간 아이에게서 불어오는 차가운 바람에 부모들이 당황할 수 있다. 오히려 학교에서는 친구들과 함께 지내기 때문에 개인적인 성향이 덜 나타나지만 집에서는 또 다르다. 아이 나름대로 최고 학년이 되었으니, 자기 주관을 갖고 하나의 인격체로 대우받고 싶어한다는 것을 부모들이 명심해야 한다. 달라진 아이를 마냥 문제다 생각하지 말고, 어떻게 다가서야 할지를 생각해볼 필요가 있다.

연희네 이야기를 들어보자. 연희의 어머니는 걱정스러운 목소리로 상담 일자를 정하고 학교를 방문했다.

"선생님, 연희가 6학년이 되면서부터 집에서 말을 거의 하질 않네요. '위로 오빠에 아래로는 남동생밖에 없어서 그렇겠지'라고 여겼어요. 그런데 갈수록 심해지고 이제는 저랑도 말하려 들지 않네요. 연희가 학교에서는 잘 지내나요? 친구들는 잘 지내는지, 무슨 문제는 없는지 궁금합니다."

연희 어머니는 연희의 줄어든 말수가 혹시 다른 문제 때문인지를 걱정하는 눈치였다.

"연희가 그렇군요. 학교에서 친구들과 잘 지내고 있습니다. 친구들이랑 이야기하고 장난치는 모습을 보면, 이렇게 명랑한 아이가 있을까 싶을 정도예요. 말도 많이 하고요."

"그런데 집에서는 왜 그러는 걸까요. 연희가 저학년일 때는 저랑도 장난치고 대화도 많이 했거든요. 요즘은 마치 다른 아이랑 사는 느낌이 들어요."

"연희가 유별나거나 문제 있다기보다는 사춘기 아이들의 대표적인 성향이라고 볼 수 있어요. 6학년이 되면 아이들은 대부분 부모로부터 독립하고 싶어합니다. 머릿속과 신체에 큰 변화가 생기다 보니 감정 기복도 심하죠. 특히 친구들과 보내는 시간을 좋아하고, 친구들을 많이 의지하지요. 자기들만의 공간을 찾아 나서고요. 점심시간 풍경을 보면 잘 알 수 있어요. 여자아이들은 한구석에서 친한 친구들끼리 모여서 대부분의 시간을 보내요."

연희 어머니는 연희가 학교에서 친구들과 잘 지내고, 즐겁게 생활한다는 것에 안도하는 표정이었다. 그런데 사춘기를 보내는 딸에게 어떻게 다가가야 할지를 고민하고 있었다.

"연희 어머님, 저는 사춘기에 접어든 아이들을 겨울잠 자러 동굴에 들어간 동물과 비슷하다고 생각해요. 동물이 동굴에서 겨울잠을 자며 따뜻한 봄을 기다리듯, 아이들도 어른이 되기 위한 준비를 치열하게 하고 있는 것이죠. 그런데 겨울잠을 자는 동물을 자극한다면 공격성만 드러낼 뿐입니다. 동물을 위하는 방법은 겨울잠을 자는 동안에 평소 지나가는 길목 곳곳에 먹이를 뿌려주면 됩니다. 그러면 동물이 스스로 나와서 굶주린 배를 채우고 다시 동굴로 들어가지요. 아이도 마찬가지예요. 아이들이 사춘기의 동굴에서 잠시 나오려 할 때 부모는 평소와 다름없이 반갑게 맞아주시고, 변함없는 지지를 보여주시면 됩니다. 지금이야말로 기다림이 절실한 시기예요."

아이가 사춘기를 심하게 겪고 있다면 부모는 아이에게 편지를 쓰거나, 함께 운동을 하거나 정기적으로 등산 혹은 여행을 하는 등 소통할 기회를 마련해야 한다. 아이의 친구들과 함께 만날 기회를 만드는 것도 좋겠다. 친구들과 있으면 자연스레 아이 마음의 문이 열릴 테니까 말이다. 이것은 부모가 조심스레 동굴 안으로 들어가는 전략인 셈이다.

건드리면 터질 것 같은 우리 아이, 어떻게 다가가야 할까?

6학년 민혁이 역시 사춘기의 깊은 동굴에 들어갔었다. 민혁이는 부모의 말을 전혀 들으려 하지 않았다. 부모의 가벼운 말도 잔소리로 치부하고 짜증내며 자기 방으로 들어가는 일이 비일비재했다. 주로 하는 것이라곤 만화책 보기나 컴퓨터게임이었다. 부모가 식사를 챙겨놓아도 자기가 먹고 싶은 음식을 주문해 먹거나 라면으로 끼니를 때웠다. 휴대폰으로 이성친구와 문자 메시지를 주고받고, 토요일이면 밤늦게까지 게임, 전화, 만화책을 붙들고 있다 일요일에 늦잠을 잤다. 부모가 조금 충고하려 들면 "제발 내버려 두라고!!"하며 큰소리를 쳤다. 심할 때는 화내며 집 밖으로 나갈 때도 있었다. 가족 외식도 거절, 부모 말이면 뭐든 짜증 섞인 말대답에 민혁이 부모님은 속이 바짝바짝 타들어갔다. 학교에서는 특별한 문제없이 생활하는데, 집에서는 영 딴판이었던 것이다.

그랬던 민혁이가 이제는 더 이상 동굴로 들어가지 않는다. 민혁이 부모님은 민혁이와의 관계를 좋게 만들기 위해 다음 4가지를 노력했다고 한다.

첫째, 어떠한 경우에라도 아이와 맞서지 않는다. 사춘기인 민혁이는 정신적으로나 감정적으로 불안한 시기를 보내고 있다. 자기가 어떻게 행동하고 말해야 할지에 대한 매뉴얼을 만들어가는 시간이다. 즉 방향을 찾기 위해 방황하는 시기다. 따라서 민혁이 안에서도 갈등이 많다. 부모님은 그것을 인정하고 아이가 짜증을 내거나 화낼 때 절대 맞서지 않았다고 한다.

"물론, 내 아이이지만 많이 밉고 화가 났어요. 그런데 그걸 아이의 성장통이라고 생각했어요. 화가 치밀어오를 때마다 '너도 나만큼 힘들겠지'라고 생각하며 넘겼어요. 제가 아이에게 강요하거나 재촉한 일에 대해서 사과했어요. 아이 때문에 상처받은 일에 대해서는 아이를 탓하는 말을 하지 않고 '민혁이가 ~~해서 섭섭해.'라는 표현을 썼어요."

민혁이의 부모는 동굴 속에서 발버둥치는 아이를 보면서 '부모가 아이의 버릇없는 행동을 지적하기만 하고 감정적으로 포용해주지 못한다면 과연 누가 받아줄까. 모두 아이를 외면하기만 한다면 아이는 정말 외로워할 거야.'란 생각이 들었다고 한다.

둘째, 매달 15일, 30일 이렇게 한 달에 두 번 가족회의를 연다. 사춘기의 아이에게 질문을 하면 대부분 다음 여섯 대답으로만 답한다. "몰라." "아니." "응." "상관하지 마." "왜?" "별로.". 즉 부모는 아이와 대화가 이어지지 않아 고민이 된다. 관계가 서먹했더라도, 대화를 하다 보면 마음의 응어리가 풀어지는 법이다. 그런데 대화는커녕 아이의 단답형 대답을 듣자면 부모의 마음은 더욱 힘들어진다. 그래서 소통의 장(場)인 '가족회의'를 만드는 것이다. 가족회의라 해서 특별한 형식으로 대화하는 것은 아니다. 민혁이네 가족은 평소 민혁이가 좋아하는 간식을 두고 먹으면서 이야기했다.

가족회의의 순서는 다음과 같다.

1. 지난 2주간의 각자 즐거웠던 일, 그리고 축하받을 일을 한 가지씩 발표하기.
2. 오늘 회의했으면 하는 사항을 발표(안건 상정)하기.
3. 회의 주제에 대해 자유롭게 토의 및 결론 내리기.
4. 결정된 사항을 종이에 적어서 벽에 게시하기.
5. 다음 주의 각자 계획에 대해 발표하기.
6. 지난 2주간 자기가 들은 유머 가운데 가장 재미있는 것 한 가지씩 발표하기.

처음엔 민혁이가 '뭘 이런 거 하냐!'며 투정을 부리기도 했다. 초기에는 자기가 좋아하는 양념치킨을 먹으면서 관전만 하다가 자기 차례에 조금씩 말문을 열기 시작했다고 한다.

가족회의의 가장 큰 목적은 소통이다. 한 집에 살아가는 가족이지만 대화가 없다면 기쁜 일, 슬픈 일을 서로 알 수 없고 축하도 위로도 할 수 없는 것이다.

그런데 가족회의를 할 때 명심할 사항은 첫째도 경청, 둘째도 경청이다. 상대방의 이야기를 끝까지 들어주는 것이다. 가급적 "예.", "아니오."로 대답하는 질문보다는 문장으로 답할 수 있는 오픈형 질문을 하는 것이 좋다. "이 문제에 대해 어떻게 생각해?" "그렇게 생각한 이유는 뭘까?" "만약 민혁이라면 어떻게 할 것 같아?" 식의 질문을 던지면 대화의 꼬리가 길어질 것이다. 민혁이 엄마는 다른 부모들에게 가족회의를 추천하면서 말한다. "가족끼리 회의하는 게 어색하다고, 혹은 귀찮다고 다음으로 미루지 마세요. 실제로 해보면 아이는 부모가 준비한 만큼 따라올 겁니다."

셋째, 일주일에 3번 이상 가족과 함께 식사를 한다.

취업포털 '인크루트'가 2011년 직장인을 대상으로 '가족과의 식사 횟수'에 대해 조사한 결과, 평균 일주일에 3회 정도 가족과 함께 식사를 하는 것으로 나타났다. 가족과의 식사 횟수를 보면 '1~3회'(47.9%), '4~6회'(24.1%), '7회 이상'(14.5%) 순이었고 '거의 못한다.'(13.5%)는 응답

도 적지 않았다.[2]

또한 초·중·고등학교 자녀를 둔 부모 800명을 대상으로 한 설문 조사 결과 가족식사 불참자 1위는 70.4%로 아버지였다. 초등학생 자녀를 둔 아버지의 85%가 저녁식사에 함께하지 못했다.[3]

유태인들의 부모교육을 들여다보면 엄마는 베갯머리 교육을 해준다. 즉 아이가 잠들기 전에 잠자리에서 책을 읽어주며 아이의 독서교육을 이끈다. 그리고 아빠는 아이에게 인성을 지도하는 밥상머리 교육을 담당한다. 조선시대 정약용은 18년간 유배지에서 자녀들에게 편지를 보내어 아이들에게 관심을 보이고 지도하는 정성을 쏟았다.

그런데 이 시대의 아버지들은 매우 바쁘다. 웃을 일도 많지 않다. 피곤하고 지친 하루를 퇴근 후 술로 위로하며 살아가고 있다. 자연스럽게 아이와의 대화는 줄어들고, 가정에서도 필요한 대화만 하며 살아간다. 가정의 기둥인 아버지들이 흔들리면서 아이들의 자녀교육도 위협받을 수 있다. 특히 6학년이 된 아이들에게 아버지의 역할은 참으로 중요하다. 간혹 엄마와 사이가 틀어져도 아빠에게 위로받을 수 있다고 하는 아이들이 있다.

"엄마는 용돈을 달라고 하면 잘 안 줘요. 그런데 아빠는 제 편이라서 제가 해달라면 늘 해주세요."

2) 주간조선 [2217회] 2012.07.30 기사 참조.
3) 뉴데일리신문 2012.11.16 기사 참조.

"아빠는 늘 내 이야기를 잘 들어주세요. 그리고 제 고민도 잘 들어주고 해결해주려고 노력하세요."

아이들에게도 위로받을 대상이 필요하다. 학교에서, 친구들에게, 엄마에게까지 상처받은 아이들에게 든든한 버팀목은 아빠다. 아빠는 주중에 한 번, 그리고 주말은 가족과 함께 저녁식사하도록 노력해야 한다. 함께 모이는 것 자체가 중요하다.

밥상머리 교육에서 아버지는 하루하루의 일상을 공유할 수 있도록 편안한 분위기를 이끌어주어야 한다. 즉 분위기 메이커 역할을 하는 것이다. 조용히 밥만 먹는 식사가 아니라, 웃음과 대화가 있는 식사 시간이 되도록 노력해보자.

마지막으로 부모는 아이의 성에 대한 호기심을 자연스럽게 받아들인다. 6학년 아이들은 성과 관련한 질문을 어려워하거나 부끄러워한다. 그리고 성에 관한 지식을 나름대로 혼자 공부한 아이들은 야유를 보내고 함께 이야기하는 걸 꺼리기도 한다. 사춘기 아이들에게 성교육의 대원칙은 '자연스러움'이다. 아이가 성에 대한 질문을 한다면 부모가 "아직 몰라도 돼!" "공부나 해!" 식으로 넘겨버려서는 곤란하다. 아이는 순수한 호기심에서 질문한 것을 부모가 특별한 무언가가 있는 것처럼 넘겨버리면 아이는 음성적인 방법으로 잘못된 지식을 배우게 된다. 이 시기에 남학생들의 경우 음란물을 접하는 경우가 있는데, 이에 대한 지도도 필요하다.

"성은 즐거움만 있는 것이 아니야. 중요한 책임도 뒤따르는 거야." 란 점을 알려주어야 한다. 한번은 6학년 학부모들을 대상으로 성교육을 어떻게 하고 있는지에 대해 물어본 적이 있다. 그 결과, 특별히 하는 것이 없다고 답한 학부모가 대부분이다. 사실 부모가 특별한 성교육 프로그램을 받아본 적이 없고, 아이에게 어떻게 무엇을 알려주어야 할지 막막한 것도 사실이다.

그런 부모들에게는 2가지 방법을 추천한다. 첫째는 책을 통한 성교육이다. 《Why? 와이 사춘기와 성》(예림당), 《구성애 아줌마의 뉴 초딩 아우성》(올리브M&B)은 만화책으로 구성되어 있어 아이들이 쉽게 내용을 이해할 수 있다. 또한 《떠들썩한 성》(아이세움), 《소녀 10.5세 여자가 되다》(부즈펌)도 성에 관한 지식을 쉽고 자세하게 설명하는 책이다. 만약 아이가 성에 관한 유혹을 떨치기 힘들어한다면 《빨강 연필》(비룡소)을 추천한다. 이 책처럼 이야기에 등장하는 주인공이 유혹을 이겨내는 동화에 빠져보는 것도 좋겠다.

또 다른 방법은 인터넷 강의다. 성교육 강사 구성애 씨가 운영하는 '푸른 아우성(www.aoosung.com)'에서는 초등학생을 위한 성교육 강좌를 무료로 제공한다. 중고등학생을 위한 성교육 자료도 저렴하게 이용이 가능하다.

마지막으로 아이들이 음란물을 접하게 되는 최초의 통로가 컴퓨터다. 따라서 그린웨어(www.greenware.co.kr)나 이클린(www.eclean.or.kr)을 통해 음란물 차단 프로그램을 설치해두면 아이가 음란물을 접하는 걸 사전에 예방할 수 있다.

어둡고 깊은 '사춘기' 동굴에 있는 아이가 바깥세상으로 나오길 소망하는 부모들에게 이와 같은 방법이 희망이 되었으면 한다. 분명한 것은 부모가 기다려주고 사랑과 정성으로 아이를 믿어준 만큼 아이는 바르게 성장한다.

6학년 아이들의
이중생활

초등학교 학기 초 '우리 아이가 학교에서 어떻게 생활하는 지, 적응은 잘하는지'가 궁금해서 부모님들은 담임교사와 자주 연락을 한다. 이때 부모님들은 아이가 6학년쯤 되면 이제 자기 앞가림도 하고, 자기 자신도 아이에 대해 대부분 파악하고 있다고 생각한다. 그래서 가끔 담임교사가 아이에게 문제가 있어 부모님께 전화할 경우에 부모님들은 매우 충격을 받기도 한다. 우진이 의 경우도 그러했다.

"우진이 어머니, 우진이가 수업 중간에 하는 모둠 활동이 마음에 들지 않는다고 교실을 나가버렸습니다. 담임 선생님이 종례를 하지도 않았는데 하교를 하고요. 집에서도 훈계를 한 번 해주셨으면 해요."

"우리 우진이가 그랬다니 믿을 수가 없네요. 우리 애는 그럴 애가 아니에요. 어디를 가면 늘 어른들에게 예절 바르다는 칭찬을 듣는데요. 엄마 말이면 '아니요.'라는 말을 한 적이 거의 없어요. 일단 제가 우진이와 이야기를 나눠볼게요."

이처럼 우진이와 같이 일종의 이중생활을 하는 6학년 아이들이 종종 있다. 이 아이들의 특징은 부모가 지나치게 엄하다거나, 부모가 아이에게 거는 기대가 너무나 크다는 것이다.

우진이의 경우, 어머니가 많이 엄격한 스타일이다. 그러다 보니 우진이는 집에서 최고의 모범생으로 행동한다. 자기 할 일은 알아서 척척하니 부모에게는 너무나 예쁜 아들인 것이다. 그런데 아이에게도 스트레스는 있기 마련이고, 이것을 분출할 곳은 학교뿐이다. 그래서 학교에서 문제 행동을 하는 경우가 많다. '엄마에게 이렇게 해야 한다.' '집에서는 조심해야 한다.'는 생각이 아이를 짓누르다가 학교에 오면 고삐 풀린 말처럼 행동한다. 자기 마음대로 하고, 말도 험하게 하며, 친구들을 괴롭히기도 한다.

이러한 사실을 담임교사가 우진이 부모에게 그대로 이야기하면 "선생님이 우리 아이를 색안경을 끼고 바라본다."고 반응한다. 즉, 아이의 현실을 받아들이려는 마음이 부모에게 없는 것이다.

우진이와 비슷한 아이가 영수다. 이중생활을 하는 영수의 어머니에게 전화했더니 아이를 철저히 교육시키겠다고 약속했다. 영수의 학교생활이 조금 나아지는가 싶더니 불과 며칠을 가지 못하고 본래의 행동으로 돌아오고 말았다. 영수를 제재할 수 있는 말은 단 하나 "엄마에게 연락드릴 거야."다.

억압된 환경에서 아이도 생존전략을 찾아 행동하게 된다. 통제자에게 잘 보여야 편안하게 지낼 수 있다는 것을 아는 것이다. 그런데 그것은 본래의 모습이 아니고, 정서적으로 안정된 상태가 아니다.

6학년이 되면 아이는 어디에서 어떻게 행동하고, 누구에게 어떻게 해야 한다는 것이 머릿속에 이미 입력되어 있다. 정도의 차이가 있긴 하지만 영악한 아이들은 부모의 눈을 속여 이중생활을 하고 있다.

아이가 6학년이 되었다고 '이제 6학년인데, 자기 할 일은 알아서 잘 하겠지.'란 생각에 담임교사와의 소통을 간과해서는 곤란하다. 어떻게 보면 성격이 형성되어지는 시기이기에 부모가 중심을 잡아주어야 한다. 가장 중요한 시간인 것이다. 부모는 아이의 학교생활이 어떠한지 담임교사와 상담하고, 아이랑 진솔하게 대화하는 시간이 필요하다.

아이가 이중생활을 하는 경우 부모의 특징을 살펴보았다. 부모들은 '자신의 아이가 이러한 아이였으면 좋겠다. 또는 이런 아이다.'라고 단정 지어 놓고 이야기하는 경향이 있었다. 부모가 파악하는 것

외의 모습에 대해서는 귀 기울여 하지 않는 것이 문제다.

또한 6학년 아이에게 소리를 지르고, 야단을 치면서 통제하려는 태도는 '언 발에 오줌 누기' 식의 교육이다. 6학년 아이들은 부모의 잔소리가 듣기 싫어서 아주 잠깐 부모의 말을 듣는 척할 수 있다. 하지만 근본적으로 행동의 변화는 기대할 수 없고 부모와의 관계만 나빠질 뿐이다.

아이와 함께 생활규칙을 정하고, 문제가 생겼을 때 대화로 접근하는 교육방식이 절대적으로 중요하다. '아직 어리니까.', '6학년이 무얼 안다고.'라고 생각한다면 아이에게서 '엄마도 날 인정해주지 않는데 내가 왜 말을 들어야 해?' '맨날 잔소리야!' 같은 반응이 돌아올 것이다. 6학년은 이제 더 이상 어린 애기가 아니다.

침묵의 시간
- 6학년 아이들의 마음 다스리기

6학년 담임을 2년째 하다 보니 아침에 등교하는 아이들의 표정을 보면 오늘 아이의 기분이 어떠한지에 대해 대략 느낌이 온다.

"현석아, 안녕?"

선생님의 인사에도 현석이는 대꾸하지 않은 채 고개만 까딱하고 만다.

"현석아, 어디 아프니?"

걱정이 되어 하는 질문에도 아이는 꿀 먹은 벙어리인 듯 아무런 말 없이 고개만 흔든다.

"아침에 무슨 일 있었어? 동생이랑 싸웠어?"

계속되는 질문에 현석이는 눈도 마주치지 않고 고개만 흔든다. 그러고는 책상에 엎드린다. 선생님의 말을 무시하고 자기 기분대로 행동하는 모습에 화를 낸다면, 아이는 말문이야 열겠지만 선생님에 대한 마음의 문은 굳게 닫을 것이다. 따라서 이럴 때는 조용히 아이가 마음의 문을 열고 나올 때까지 기다리는 것이 상책이다.

수진이는 점심시간 이후 표정이 급격히 굳어졌다. 평소 말수가 많고 잘 웃는 학생이라 어디서든 눈에 띄는데, 무슨 일인지 새침한 표정으로 가만히 앉아 있는 것이다. 예민한 6학년 여학생들은 가끔 긁어 부스럼이라 아무 일 없다는 듯 평소처럼 대했다. 그랬는데 반응이 시큰둥하다.

"수진아, 어디 아프니?"

선생님 말에 입을 내민 채 고개만 설레설레 흔든다.

"속상한 일이 있었니? 친구랑 의견충돌이 있었어?"

계속되는 질문에 아이는 아무 말이 없다.

"선생님이 모르는 체하고, 기다려줄게. 선생님이 도울 일이 있으면 찾아올래."

그제야 수진이는 입을 열고 짧게 "네."라고 답한다.

6학년들은 대체로 감정기복이 심한 편이다. 어느 순간 우울한 듯하지만, 친구들과 지내다 보면 언제 그랬냐는 듯이 다시 밝게 웃는

다. 발달적 시기로 사춘기를 맞이해 머리의 재구조화가 진행되면서 감정적 기복이 심한 것이다. 또한 최고 학년이자 곧 있을 중학생활에 대한 부담감, 자신도 다 컸다고 자기 주장을 펼쳐보지만 부모님과의 의견충돌로 인한 갈등이 있다. 아이는 이러한 다양한 이유로 평소 모습과 전혀 다른 상태를 보이기도 한다.

아침에 말이 없던 현석이는 점심시간이 되고, 친구들과 지내면서 다시 즐겁게 어울렸다. 하교할 때쯤 현석이에게 다시 물었다.

"현석아, 아침에 무슨 일이 있었니?"

"사실은 엄마한테 주말 내내 스마트폰으로 바꿔달라고 말했는데 엄마가 학생이 무슨 스마트폰이냐며 절대 안 된다는 거예요. 그래서 기분이 많이 안 좋았어요."

6학년 아이들은 대단한 것에 마음이 우울해지는 게 아니다. 어른이 보기에 참 사소한 것에 마음이 토라지는 것이다. 수진이가 침묵한 이유도 간단하다. 친하게 지내던 친구들이 점심시간에 자기가 화장실에 간 사이에 말없이 운동장에 먼저 가버린 것이 서운했던 모양이다. 평소라면 그냥 넘어갔을 일인데 그날이 무시당한 듯해서 속상했다고 말한다.

6학년 아이들의 마음을 풀어주는 데 핵심은 '인정해주는 것'이다. 사춘기 시절 아이는 부모의 품에서, 또한 가정의 울타리에서 독립하고 싶어하는 마음이 있다. 아이는 독립된 존재로 인정받고 싶어하는

==욕구가 강하다. 인정받는다는 것은 자신의 의견과 존재를 존중받고 자신의 일을 결정할 권한을 가진 것이라 할 수 있다.==

현석이의 경우 "그래. 현석이가 갖고 싶어 하는 물건을 부모님이 허락해주지 않아서 많이 속상하겠구나. 그럼 현석이가 용돈을 아껴서 스마트폰을 스스로 구입해보는 건 어떨까? 성적을 올린다거나 평소 좋은 습관으로 칭찬을 받아서 말이야."란 이야기를 해주었다.

수진이의 경우, "화장실에 다녀왔는데 친구가 없어서 황당했겠네. 괜히 무시당하는 기분도 들었을 거야. 그럴 때는 친구들에게 웃으면서 네 마음을 표현해 봐. '너희 어디 갔었냐. 내가 볼일 보는 시간이 좀 길긴 했지만 그렇다고 먼저 가면 어떡하니. 나도 놀고 싶었는데.'라고 유머와 투정 섞인 말투로 말해보는 거야."라고 이야기하면서 아이의 감정을 존중해주고 이후의 대처 방법들도 알려주었다.

6학년 아이들은 어떠한 갈등 상황에 닥쳤을 때 감정적으로 처리하는 경향이 있다. 내 기분이 나쁘면 주먹부터 나가고, 입에서는 서슴없이 욕설이 나오는 것이다. 이러한 감정적 대응을 한 후 자신의 울분을 못 참는 아이, 우울해하는 아이, 신경질적으로 변하는 아이 등 다양한 모습이 연이어 터져나온다.

이런 경우, 먼저 혼자 있는 시간을 두도록 한다. 어느 정도 시간이 흐르면 아이의 마음을 읽어주는 시간이 필요하다. "그래서 속상했겠구나." "너의 마음을 몰라줘서 서운했지?" "마음이 많이 아팠지?" "조금 황당하고 놀랐을 거야." "화가 많이 났을 거야." 같은 말로 아이의 감정 상태를 오롯이 받아주고 존중해주어야 한다.

그다음 아이가 감정적으로 대립각을 쌓은 사람(혹은 어떠한 문제)을 아이의 시각에서 해결할 방법들을 함께 생각해본다. "네 생각에는 어떻게 하는 것이 좋겠어?" "좋은 아이디어 없니?" "다른 친구들은 어떻게 하는 것 같아?" 등의 질문으로 갈등 상황을 현명하게 헤쳐나갈 수 있도록 코칭하는 것이다.

내 경우, 교실에서 아이들 간의 충돌이 있을 경우 꼭 4단계에 걸쳐 지도한다.

첫째, 사건 현장을 벗어나 다른 장소로 이동한다. 사건 장소에 있으면, 그때 상황에 젖어 격한 감정이 계속 유지될 수 있기 때문이다. 따라서 다른 장소로 옮겨서 감정을 누그러트릴 시간을 벌기도 하고, 사건과 관련 없는 곳에서 즉, 한 걸음 떨어져서 상황을 바라보자는 의미도 있다.

둘째, 종이와 연필을 주면서 6가지를 쓰도록 한다. 1. 어떠한 일이 있었는가. 2. 내가 억울한 것은 무엇인가. 3. 내가 잘못한 것은 무엇인가. 4. 앞으로 이러한 상황이 다시 온다면 어떻게 하겠는가. 5. 상대방 친구에게 하고 싶은 말. 6. 부모님께 하고 싶은 말.

아이들이 6가지를 쓰고 나면 이미 사건은 절반 이상이 해결된 것이다. 아이들은 안정을 찾고, 한층 이성적으로 문제를 접근하기 시작한다.

셋째, 아이들이 쓴 종이를 비교해가면서 상황을 정리한다. 각각 잘못한 점에 대해 지적하고 친구의 눈을 쳐다보고 친구의 이름을 부르며 무엇 때문에 미안하다고 이야기하게 한다. 다시 말해 "태희야, 내가 욱하는 마음에 너의 안경을 발로 차 부러뜨려서 미안해."라고 이름과 미안한 이유를 눈을 보며 진정성 있게 이야기하게끔 한다.

마지막으로 서로 악수하고 껴안게 한다. 약 10초 동안 껴안게 한다. 어색해하는 아이에게는 이렇게 이야기해준다.

"친구의 심장과 심장이 만나는 것이 '안는 것(Hug)'이야. 1초 2초 3초⋯⋯. 9초 9초 9초 9초⋯⋯. 9초⋯⋯.10초." 선생님의 유머로 아이들은 서로 웃으면서 자리를 뜨게 된다.

6학년 아이들은 각자가 고압 전류다. 그래서 서로 엉키거나 잘못 만나면 큰 스파크를 내면서 사고가 난다. 원래대로 복구하는 데도 시간이 꽤 걸린다. 그러나 이것을 중재하는 선생님이나 부모 또한 감정적으로 대한다면 해결의 실마리는 보이지 않을 것이다.

6학년 엄친아들에게 물었습니다!

- 이럴 때 화나요!

질문 2) 부모님의 교육방법에서 잘못된 점이라고 생각하는 부분은 무엇입니까?

BEST1) 대체로 부모님의 교육방법에 만족하는 편이다. 그런데 가끔 다른 엄마들을 만나 친구 이야기를 하시면서 나와 비교하며 내가 하는 일을 다소 재촉할 때 기분이 언짢다. 평소처럼 나를 믿고 맡기면 될 텐데, 다른 친구들의 이야기를 들으면 마음이 바빠지시는 것 같다.

BEST2) 가끔 나의 계획을 무시하고 통제와 지시를 하실 때가 있다. 물론 원래 계획보다 컴퓨터 게임을 지나치게 하거나, 재미있는 책에 빠져 있을 때도 있다. 그럴 땐 나 스스로 돌아보고 반성할 수 있도록 조금 기다려주셨으면 한다. 또한 부모님이 하고 싶은 말만 하실 때, 내 말을 경청해주시지 않을 때 아쉽다고 느낀다.

BEST3) 스스로 계획해서 공부해도 충분히 좋은 성과를 낼 수 있는

데, 좋은 학원이 있다는 소문에 이끌려 방학 단기특강을 반 강제적으로 수강하게 하는 방법은 잘못하시는 것 같다. 학원 없이도 부모님이 원하는 점수를 낼 자신이 있다. 믿고 맡겨주셨으면 좋겠다.

기적을 일으킬 마지막 1년,
6학년 이제는 공부 제대로 해보자!

3장

자기주도학습? 그렇다면
이제 아이 혼자 공부해야 하나?

아이가 6학년이 되자 엄마들도 이제 공부에 대해 좀 더 조급함이 생긴다. 아직 공부습관이 잡히지 않은 것 같은 아이 모습에 엄마는 이런 말을 자주 내뱉게 된다.

"너도 이제 6학년인데, 스스로 계획해서 공부해야지. 엄마가 매일 공부하라고 잔소리해야 하니?"

그러나 아이는 쉽사리 달라지지 않는다. 그렇다 보니, 엄마들은 학교 선생님께도 항상 아이의 공부에 대한 고민을 털어 놓는다.

"우리 아이도 이제는 자기주도학습을 해야 할 텐데. 제가 잔소리할 때만 공부하는 척을 하니 중학교에 가면 어떻게 공부할지 걱정이예요."

초등학교 최고 학년인 6학년이 되었는데도 불구하고 여전히 부모의 잔소리를 들을 때만 책상 앞에 앉는 아이를 보고 부모님들은 안타까워한다. 아이가 이제 자기 공부를 알아서 챙겼으면 하는 바람은 부모라면 누구나 있다. 그러나 6학년인데 아직 자기주도학습을 못한다고 절대 걱정할 필요가 없다. 아직 늦지 않았기 때문이다. 이제부터 올바른 학습습관을 갖추도록 부모와 아이가 함께 노력하면 된다.

자기주도학습에 대해 논하기 전에 정확한 개념부터 이해해야 한다. 자기주도학습에 대해 놀스(Knowles) 교수는 다른 사람의 도움 없이 자기 스스로 주도적으로 학습목표를 정하고, 효율적인 학습전략을 사용하며, 학습결과를 스스로 평가하는 일련의 과정이라고 정의했다. 자기주도학습을 한자 그대로 풀어서 정의해보면 자기주도학습(自己主導學習), 즉 학습자 스스로가 주인이 되어 익히고 배우는 것을 이끌어나감을 뜻한다.

그런데 이 자기주도학습에 대한 부모들의 대표적인 (잘못된) 고정관념이 있다. 자기주도학습에서 자기(自己)는 '학습자 스스로'라는 뜻이다. 그렇다면 과연 아이 스스로 학습목표를 정하고, 학습계획을 세워 실천하고 평가하는 과정들이 혼자서 가능할까? 그렇지 않다. 왜냐하면, 아이들은 공부를 하고 싶어서 한다기보다 누군가의 강요 또는 당연히 공부해야 한다는 인식 때문에 하는 것이기 때문이다. 어른들이 자발적으로 공부하는 것과는 분명 차이가 있다.

또한 아이들은 아직 지적으로나, 정서적으로나 미성숙하다. 그러니 누군가의 도움 없이 혼자서 무언가를 해나가는 데는 어려움이 있을 수밖에 없다. 따라서 자기주도학습 앞에는 꼭 들어가야 할 문구가 있다. 바로 '부모 코칭에 의한' 자기주도학습이다. 부모의 적절한 도움 없이는 효과적인 자기주도학습의 결과를 기대할 수 없다. 결국 '학습자 스스로' 해나가는 자기주도학습이란, 부모 코칭에서 시작해 오랜 기간 훈련을 계속해서 이루어낸 마지막 열매라고 할 수 있다. 또한 자기주도학습은 혼자 공부할 때만 적용이 가능할까? 아니다. 절대 아니다. 자기주도학습을 흔히 혼자 공부하는 것으로 오해한다. 그러나 자기주도학습이 가장 활발하게 일어나야 하는 시간은 바로 수업시간이다. 선생님의 설명을 듣고 아이가 새로운 지식과 정보를 이해함과 동시에 '자기화'시키는 작업이 즉각적으로 이루어져야 하는 것이다.

줄탁동시,
부모와 아이가 함께 움직인다!

자기주도학습은 아이 혼자서 하는 학습이 아니다. 학습을 계획하고 실천하고 반성하는 일련의 과정이 학생 중심으로 진행되는 것이 자기주도학습이다. 이것은 기존에 "~쪽까지 풀어라." "이것도 공부에 도움이 되니까 해야지."와 같이 부모가 학습 주체자가 된 기존 방식과는 분명 다르다. 학생이 학습 주체자이며 주인공인 것이다. 그렇다면 아이가 스스로 할 수 있도록 기다려주고, 지켜봐주는 것이 능사일까? 그렇지 않다. 기존의 부모 주도학습과 자기주도학습의 큰 차이는 부모의 결정과 권한을 많이 축소한 것이지, 부모의 역할이 아예 없는 것은 아니다. 자기주도학습에서 아이가 60~70% 정도 차지하며 학습을 주도해나가고, 부모는 30~40% 정도로 아이의 학습을 점검하고 힘든 점은 없는지, 부족한 부분은 없는지 확인하고 코칭해준다.

병아리가 혼자 알을 깨고 나올 때, 병아리와 어미 닭은 서로 호흡을 맞춘다. 병아리는 안에서 껍질을 쪼아 깨고, 어미 닭은 바깥에서 껍질을 쪼아주며 알에서 부화하도록 도와준다. 서로 상호작용이 활발할 때 건강한 병아리가 태어날 수 있는 것이다. 이것을 줄탁동시라 한다. 부모와 자녀와의 호흡을 강조하는 말인데, 자기주도학습도 부모와 자녀의 손발이 잘 맞아야 한다.

교육학에서는 줄탁동시와 함께 교학상장(教學相長)을 강조한다. 가르치는 사람과 가르침을 받는 사람이 함께 성장한다는 것이다. 부모는 아이의 감시자, 통제자로서 아이에게 지적하는 사람이 아니다. 부모도 함께 배우면서 아이를 교육해야 한다. 학습에 관한 내용이든, 자녀교육에 대한 것이든 배우면서 아이와 상호 작용해나가야 한다.

여기서는 아이가 꼭 익혀야 할 자기주도학습에서 부모는 어떠한 역할을 하는지 말해보겠다. 또한 아이는 어떻게 해야 바르고 효과적인 학습법을 갖출 수 있는지도 살펴보겠다. 부모는 어떻게 자녀를 도울 수 있을지를 중점적으로 설명하였고, 아이에 대해서는 현재 상태를 점검하고, 생각과 행동 변화를 이끌 동기부여와 자기주도학습을 위한 실천 사항들을 정리했다.

미국의 의사 맥스웰 몰츠는 하나의 행동이 21일 동안 지속되면 습관으로 자리 잡는다는 '21일의 법칙'을 찾아냈다. 우리 뇌의 회로(시냅스)는 이전에 하지 않았던 일에 대해 저항한다. 그러나 21일 동안 특정 행동을 반복하면 대뇌피질에서 뇌간까지 전달되고 기억되어 저항감이 없어진다. 즉 21일은 우리의 두뇌회로를 바꾸고, 생체 변화의 소요시간인 것이다.

부모와 아이가 모두 공부 때문에 행복해지고, 생활습관으로 더 즐거워지고 싶지 않은가? 21일 프로젝트를 시작하자. 지금 상태는 중요하지 않다. 단지 변화하려는 의욕과 의지가 있는지가 관건이다. 한꺼번에 많은 것을 변화하려 들지 말자. 일시적인 행동 변화는 변화가 아닌 변신일 뿐이며, 금세 자신의 오랜 습성이 오게 마련이다. 천천히 변화하되, 꾸준해야 한다.

지금은 How보다
Why다!

왜 공부하는지, 삶의 로드맵 정하기

아이가 영어 수학을 어떻게 효과적으로 공부하는가를 배우기 전에 꼭 알아야 할 것이 있다. 바로 왜 자신이 공부해야 하는지를 아는 것이다. 단순히 학습법만 알고 공부하는 학생이 1600cc의 자동차라고 한다면 명확한 목표를 세운 학생은 3000cc의 자동차라 할 수 있다. 그리고 뚜렷한 목표 아래 효과적으로 학습법을 실천해나가는 학생이라면 5000cc의 자동차로 비유할 수 있다.

공부의 요령만 익힌 아이들, 누군가에 이끌려서 책상 의자에 앉는 아이들은 학습에 가속도가 붙지 못하고 작은 유혹에도 쉽게 넘어져 일어나기 힘들어한다. 반면, 자신이 공부를 왜 하는지 정확한 이유를 말할 수 있는 아이는 집중력과 몰입력이 높을 뿐 아니라 큰 슬럼프에도 다시 일어날 수 있다. 지금 아이에게 물어보자.

"우리 예원이는 하고 싶은 것도 많은데, 무슨 꿈을 가지고 공부할까?"

아이가 대견스럽게 "엄마, 나는 한의사라는 꿈을 이루기 위해 지금 하고 싶은 것도 참으며 공부해."라고 대답하지 않는다고 절대 낙심하지 마라. 대부분의 아이들은 "그냥~!" "엄마가 시키니까!" "몰라!" 같은 짧은 단어로 답할 것이다. 지금부터 아이에게 무한한 잠재력이 있다고 믿고 꿈의 씨앗을 심어주자.

먼저 아이와 함께 버킷리스트를 적어보자. 버킷리스트란 죽기 전에 꼭 해보고 싶은 일들을 적는 것을 말한다. 10대에 하고 싶은 일, 20대에 하고 싶은 일……. 나이대별로 자신이 하고 싶은 것을 상상하면서 적어보자.

《마지막 강의(The Last Lecture)》의 저자 랜디 포시 교수는 1969년 닐 암스트롱의 달 착륙 장면을 보면서 자신의 버킷리스트에 무중력 상태로 공중에 둥둥 뜨는 꿈을 적었다. 그의 부모는 닐 암스트롱의 달 착륙 TV 화면을 사진으로 찍어 아들의 수첩에 붙여주었고, 랜디 포시 교수는 40년 후인 2001년 미 항공 우주국(NASA)의 가상현실 프로젝트에 참가해 무중력 체험을 하면서 꿈을 이룬다.[4] 막연히 머릿속의 생각과 상상만 하던 것을 글로 적어보는 작업이 필요한 이유는 여기에 있다.

《멈추지 마 다시 꿈부터 써봐》의 저자 김수영은 초등학교 시절에는 '왕따', 중학교 시절에는 '비행청소년'이라고 불렸다. 고등학교는 대학 대신 취업을 택하는 실업계 고등학교를 나왔다. 그러나 그녀는 실업계 고등학생 최초로 골든벨을 울렸고, 연세대학교에 입학한다. 이후 김수영은 세계 최고의 투자회사 골드만삭스에 입사하지만, 20대 시절 갑상선암(癌)을 선고받는다. 다행히 수술로 완치는 되었다. 하지만 이 모든 일을 겪으면서 그녀는 행복한 자신의 삶을 위해 73가지의 버킷리스트를 작성하기로 한다. 그리고 버킷리스트를 쓴 지 5년 만에 73가지 중 32가지를 이루었다고 한다.

그녀는 말한다. "꿈을 자꾸 쓰면 정말 내 것이 되거든요. 그 흔적이 쌓이면 그것이 아직은 구체화되지 않았다고 할지언정 이것은 일종의 꿈 계약서에 사인한 것과 똑같다고 생각해요."[5]

아이가 버킷리스트를 작성했다면 나이대별로 정리하고 아이와 함께 이야기를 나눠보자. 왜 그러한 꿈과 생각을 하게 되었고, 이를 위해서는 어떠한 노력을 할 것인지 자유롭게 대화를 나누는 것이다. 이

---

4) 동아일보 2008.07.21 [책갈피 속의 오늘] 1969년 미 아폴로 11호 달 착륙 기사 참조.
5) KBS 감성다큐 미지수 김수영 편.

때 부모는 아이를 훈계하거나 설교를 늘어놓아서는 안 된다. 만약 그렇게 한다면 아이는 부모와 꿈에 대한 이야기를 하는 걸 부담스러워할 수 있기 때문이다.

6학년 큰 꿈을 향한 첫걸음 - 구체적인 목표를 세워라 🍃

초등학교 때는 진로를 탐색하는 시기다. 세상에 어떠한 직업들이 있는지 책이나 경험을 통해 탐색한다. 6학년이 되면 그동안 자신이 직간접적으로 경험한 직업들 가운데 자신의 꿈을 세울 필요가 있다. 아이가 장차 어떠한 사람이 되고, 어떠한 일을 하겠다고 원대한 목표를 세웠다면 이를 현실로 이룰 구체적인 목표들이 나와야 한다. 즉 6학년에 맞는 목표를 세우는 것이다.

과학자가 꿈인 명훈이는 매일 아침에 1번, 저녁에 1번 책상에 붙은 자신의 드림보드를 읽는다. 드림보드란 자신의 꿈과 자신이 세운 목표를 적은 보드판을 말한다.

"우주여행을 실현시킨 과학자. 과학서적을 일주일 2권씩 읽고, 늘 '왜 그럴까?'라는 물음을 가지고 질문하고, 찾는 명훈이가 되자. 나는 내년에 국제중학교에 진학한다."

명훈이는 드림보드를 쓰고 매일 아침 꿈 메시지를 소리 내어 읽으면서 달라진 점이 있다고 한다. 공부를 왜 하는지 알게 되었고, 놀고 싫고 쉬고 싶은 유혹에도 스스로 다잡게 되었다는 것이다. 실제로 일주일에 과학도서 2권을 보고, 질문하는 습관으로 자리 잡혔다.

음악 선생님이 꿈인 진희는 드림보드를 만들고 매일 5번씩 자신의 드림보드를 꿈 기록지에 똑같이 옮겨 적는다고 한다. 꿈 기록지란 자신의 드림보드에 적힌 꿈 메시지를 반복해서 적은 노트를 말한다. 줄 칸 공책에 다음 내용을 거의 매일 적었다고 한다.

"즐거운 음악을 쉽게 설명하는 선생님. 체르니 40번을 마스터해서 피아노에 능숙해지자. 음악사(音樂史)에 관한 책을 일주일에 한 권 읽고 요약하자. 교육대학교 음악교육과를 목표로 모든 교과공부를 충실히 하자."

진희는 꿈 기록지를 적으면서부터, 막연했던 자신의 꿈이 조금 더 명확해지는 것 같았다. 음악에 관한 관심도 더욱 높아지고, 관련 지식도 풍부해짐을 느낀다고 한다. 또한 신문이나 방송에서 자신의 꿈과 관련된 내용이 나오면 스크랩하고 주말을 이용해 음악회에도 자주 가게 되었다고 한다.

이지성의 《꿈꾸는 다락방》에서 현실은 생생히 꿈꿀 때 이루어진다고 말한다. 명훈이와 진희 모두 방법은 각자 다르지만 자신이 세운 목표를 곁에 두고 늘 생각하면서 자신을 깨어 있게 만든 것이다.

6학년 아이들에게 막연히 "공부해라." 혹은 "공부 안 하면 고생한다."는 말은 별 도움이 되지 않는다. 그보다 아이가 꿈을 세울 수 있도록 방학을 이용해 관련된 경험을 할 기회를 주고, 그 꿈을 위해 도

전하고 노력하도록 도와주어야 한다. 아이가 행동하게 하는 힘은 부모의 잔소리가 아닌 아이 내부의 목소리가 되어야 한다.

6학년 아이는
시간 관리도 남다르다!
- 학습플래너 쓰기

이제 막 6학년이 된 학생이 시간의 중요성을 알고, 시간을 아껴서 자신의 목표를 향해 할 일을 척척 해내기란 결코 쉬운 일이 아니다. 그러나 한번 흘러간 시간은 되돌릴 수 없고, 시간은 저장할 수 없기에 부모가 아이에게 현재 시간을 소중히 사용하도록 지도해야 한다.

6학년 아이들이 1분, 1초를 아쉬워할 때는 바로 시험 시작하기 직전과 시험시간이다.

"선생님, 1분만 더 공부할 시간을 주세요. 잠시만요."

"선생님, 1분만 더요."

그리고 하루의 소중함을 느낄 때는 바로 시험 전날이다.

"선생님, 시험공부를 할 수 있게 하루만 더 주세요."

아이들에게 어떠한 지도를 할 때는 그 상황에 처해졌을 때 지도하는 것이 효과가 높다. 성교육도, 학습법도, 시간 관리도 적절한 상황이 주어졌을 때에 하는 것이 매우 중요하다. 시험기간에 이러한 시간의 소중함을 일러주는 것은 매우 좋은 타이밍이라 할 수 있다.

"평소에는 시간이 많이 있다고 생각하지만 막상 지나고 보니 공부 시간이 부족하지? 그러니 시간에 대한 계획이 필요해. 그냥 무작정 공부하기보다는 계획을 세워서 시간을 소중히 여기며 공부해보렴. 1000분의 1초일지라도 육상선수에게는 등수가 갈릴 만큼 중요한 시간이야. 1분 차이로 비행기를 놓친 사람에게는 1분이 정말 소중한 시간일 거야. 미리 계획하고 매 순간 시간을 소중히 여겨야 해."

한편 6학년 부모님과 상담하면서도 시간 관리를 지도하는 것이 매우 중요하다는 걸 많이 느낀다.

"선생님, 아이들이 시간을 아껴 썼으면 좋겠는데, 틈만 나면 게임 하거나 TV를 봐요."

한 번 흘러간 시간을 되돌릴 수 없다. 그렇기에 아이가 이 시간을 소중하게 썼으면 하는 것은 부모들의 공통 바람이다. 그렇다면 왜 아이들은 시간을 소중히 생각하지 않는지 알아볼 필요가 있다. 그중 가장 큰 원인은 '목표의 부재'다. '왜 시간을 소중하게 여겨야 하고, 왜

〈학습플래너 예시〉

예훈이의 학습플래너

년 　월 　일 　요일

아침) 나의 드림보드 꿈 메시지 기록

오늘 내가 즐길 공부				오늘의 공부 시간 평가			좋은 습관, 경쟁력 키우기	
우선순위	과목(교제)	쪽수	예상시간	시간	번호	달성도 E. B. T. A	항목	O / X
				~ : :			집에서 핸드폰 끄기	
							222 학습 실천	
							드림보드 낭독	
							학습플래너 전날 작성	
							하루 27개의 질문 찾기	
							독서노트 작성	

전체 공부한 시간	나의 하루 뒤돌아보며		오늘 나의 생활 총점 (10점 만점)
: : : :	칭찬할 점	반성할 점	/ 10

저녁) 나의 드림보드 꿈 메시지 기록

142

시간을 아껴 공부해야 하는지'에 대한 물음이 명확하지 못하기 때문에, 아이들은 그저 남는 시간이 빨리 지나가기를 바라며 시간 죽이기(Killing Time)를 하고 있는 것이다.

시간 관리의 최우선 과제는 목표 과제다. 아이에게 목표가 없다는 것은 마치 태평양에 떠 있는 한 척의 작은 배가 된 것과 같다. 작은 배는 파도가 이리 치면 이리 갔다, 저리 치면 저리 간다. 아이 역시 최종 목적지가 없으니 주변 환경에 따라 방향도 계속 바뀌는 것이다. 아이에게 정확한 목표가 생기면, 그 목표를 향해 달려가려는 열망이 생겨서 불필요한 행동을 줄이고, 잔가지를 스스로 치기 마련이다. 목표부터 정해라. 그런 다음 시간 관리에 대해 생각해야 한다.

6학년이 되면 시간 관리를 위해 아이 스스로 학습플래너를 작성할 수 있어야 한다. 학습플래너란 내가 오늘 언제 무엇을 할지에 대한 계획표다. 계획표 왼쪽에는 오늘 공부할 과목, 교재 그리고 쪽수까지 기재한다. 그리고 중간에는 시간 계획이다. 몇 시부터 몇 시까지 무슨 공부를 할 것인지 적는다. 이때 계획대로 학습이 100% 되었다면 Excellent, 80% 이상 되었다면 Best, 50% 되었다면 Try, 전혀 이루지 못했다면 Again이라고 표시한다. Try, Again이라고 표기된 학습활동은 다음날 다시 한 번 공부해야 한다. 학습플래너의 오른쪽에는 자신이 잘한 점, 반성할 점을 적는다.

마지막으로 학습 중 휴대폰 전원을 껐는지 여부, 전체 공부시간 기입, 드림보드 낭독 여부, 222 학습 실천(222 학습이란 수업을 마치고 2분 동안 수업시간 내용에 대해 간략히 복습하고 다음 시간에 배울 내용을 2분간 예습한다. 그리고 집에 돌아와서 2시간 안에 배운 내용을 한 번 더 복습하는 것을 말한다) 등에 대해서도 O. X로 표시한다. 이것은 자신이 꼭 습관을 들이고 싶은 행동들을 적고 매일 체크하는 것이다.

학습플래너의 맨 위쪽과 아래쪽에는 내가 공부하는 이유 즉 꿈 메시지를 아침에 1번, 저녁에 1번 기록한다. '전체 공부한 시간'은 육상 기록용 초시계를 사용해서 오로지 공부에만 전념한 시간을 체크해서 작성한다. 공부의 질도 중요하지만, 효과적인 공부를 얼마나 많이 하느냐도 역시 중요하다. 따라서 밀도 있는 공부의 양을 늘려가기 위해 매일 시간을 체크하고 추이를 지켜보기 위함이다.

화장실 가는 시간, 휴대폰을 만지작거리는 시간, 집 안을 배회하는 시간, 책상 앞에서 다른 생각하는 시간은 모두 학습시간에 제외시키는 것이다. 스스로 엄격하게 시간을 체크해서 실제 공부시간이 얼만지를 파악한다면 아이들은 더 집중하고자 노력할 것이다.

5학년 때와 달리 6학년이 되면서 공부 양은 많아지고, 스스로 공부할 수 있는 절대시간은 더 줄어든다. 중학교에 진학하면 더욱 그렇다. 그렇다면 어떻게 시간을 효율적으로 관리하는 것이 좋을까?

최고의 시간 관리 능력 비결은 진부한 이야기일 수 있지만 '수업시간에 최선을 다해 집중하는 것이다.' 지식이 머릿속으로 들어올 때,

정확히 이해하고자 노력해야 시간을 최대한 아낄 수 있다. 수업시간에 듣지 않고 이를 보충하기 위해 학원을 다니고, 혼자서 머리를 싸매고 공부하는 것이야말로 비효율적인 공부다.

아이들의 입에 붙은 말이 "선생님, 시간이 없어요."라는 말이다. 그런데 시간이 부족하다고 불평하는 아이는 아무리 여유를 주어도 늘 시간이 부족하다고 한다. 반면 시간을 잘 활용하는 아이는 짧은 시간을 주더라도 시간을 쪼개서 잘 쓴다. 스케줄 표로 무엇을 해야 하는지를 관리하고, 늘 메모한다.

시간이 부족하다고 말하는 아이들은 시간 여유가 많은 주말, 방학 때 남아도는 시간을 어떻게 써야 할지 모르고 마구 낭비한다. 그러나 시간을 잘 쓰는 아이들은 무엇을 해야 하고, 하고 싶은지가 계획되어 있고, 늘 메모되어 있어서 주말과 방학도 알차게 사용한다.

6학년 아이들에게 시간의 중요성을 설명하면서 꼭 실천해보길 권하는 것이 '1분 동안 하루 되돌아보기'다. 이 세상에 완벽한 존재는 없지만 완벽해지려고 노력하는 것은 중요하다. 따라서 허투루 쓴 시간은 없는지를 살펴보고 '이것을 할 수도 있었는데'라고 반성하는 일은 발전의 초석이 된다. 아이가 일기와 함께 '하루 되돌아보기'를 써봐도 좋고, 일기쓰기를 싫어한다면 다이어리나 학습플래너에 써보길 권한다.

독서!
아무리 강조해도 부족한 독서!

"내신 성적은 최상위권인데, 수능이 중위권밖에 되질 않아 고민이에요."

예비 고3을 위한 입시설명회에 참여한 고등학생 학부모가 강사에게 질문한다.

"내신은 공부법이 어렵지 않아요. 학교에서 내주는 자료를 열심히 읽고 소위 '달달달' 외우면 되는 거죠. 그런데 수능은 달라요. 하루아침에 점수 올리기란 쉽지 않죠. 아이가 책을 좋아하고 많이 읽나요."

"우리 애는 책하고 거리가 멀어요. 드라마나 영화를 좋아해요. 간혹 판타지 소설책을 보는 게 전부예요."

학부모의 대답에 안타까움을 표하며, 강사는 힘주어 말한다.

"수능 고득점 만들기는 고등학교 때 할 수 있는 것이 아니에요. 초등학교 때부터 중학교 때까지 얼마나 다양한 방면의 책을 많이 읽었느냐에 달린 거예요. 수능 고득점 비결은 바로 독서예요. 외국어영역도 영어원서 읽기로 얼마든지 가능해요."

"지푸라기라도 잡고 싶은 심정으로 인터넷 강의를 열심히 듣게 하는데 효과가 없을까요?"

"시험을 치르는 노하우를 익히면 점수가 어느 정도는 오르겠지만, 큰 상승을 기대할 순 없어요. 고3이라 마음은 불안하겠지만 지금이라도 우리나라 단편소설부터 틈틈이 읽어야 해요."

강사의 조언에 엄마는 한숨을 쉬며 혼잣말을 한다.

"진작 책을 좀 사주며 많이 읽힐걸."

만약 시간을 되돌릴 수 있어 아이의 초등학교 시절로 돌아간다면, 이 학부모는 아이를 어떻게 교육을 시킬까? 아마 집에서 TV 보는 시간은 줄일 것이고, 아이와 함께 독서하는 시간을 늘릴 것이다. 또한 주말이면 대형 서점에 들려 아이가 보고 싶어하는 책을 한가득 살 것이다. 저녁에도 시간이 허락하는 한 아이와 책에 관한 이야기를 나누려고 노력할 것이다.

초등학교 6학년, 아이가 독서를 즐긴다면 좋겠지만 책을 멀리한다면 지금부터라도 책과 친해지도록 부모가 적극적으로 나서야 한다.

하지만 6학년 아이에게 "이 책이 좋다고 하네. 읽어 봐." 같은 접근 방식은 잘 통하지 않는다. 그럼 6학년 아이들에게 어떻게 독서교육을 해야 할까?

첫째, 아이가 좋아하는 분야의 책으로 접근하자.

무슨 분야의 책이든 좋다. 먼저 활자와 친해지는 시간이 필요하다. 책과 담을 쌓은 6학년 아이가 만화책을 잡고 키득키득 웃고 있다면 이것은 놀라운 발전이다. 남들이 어떠한 수준의 책을 읽든, 지금 우리 아이 수준에는 만화책이 맞는 것이다. 지금부터 천천히 수준을 높여 나가면 된다. 영상물에 눈이 먼저 가는 아이들에게 종이책과 가까워지는 것은 첫 번째 과제다. 만화책이든, 판타지 소설이든, 신문이든, 잡지든 먼저 글자를 읽는 것에 흥미를 붙이도록 해야 한다. 처음부터 많은 것을 요구한다면 글을 읽는 것에 흥미를 잃을 것이다.

둘째, 독서노트를 만드는 것이다.

6학년 아이들에게 독후감을 쓰라고 하면 큰일이라도 나는 것처럼 몸서리를 친다. 그래서 타협점을 찾은 것이 독서노트다. 독서노트는 독후감을 적는 노트가 아니다. 책을 읽다가 감동적인 글귀, 명장면 등에 밑줄 긋고 그대로 노트에 옮겨 쓰는 것이다. 아이들은 글을 읽으면서 기억하고 싶고, 누군가에게 들려주고 싶은 글귀를 노트에 정리한다. 그리고 부모는 아이가 쓴 글귀에 관심을 가지고 그것을 토대로 이야기해보는 것이다.

셋째, 부모 독서가 먼저다.

지금의 6학년 아이들은 디지털 세대다. 책보다 영상물에 이끌리는 것은 당연하다. 디지털 세대가 아닌 부모 세대도 책보다는 TV 리모콘에 손이 먼저 간다. 책장 넘기는 소리보다 TV 소리가 더 크고, 책과의 거리보다 영상물의 거리가 더 가까운데 어찌 독서가 가능하겠는가. 매일 새로운 영상물을 접하는데, 책은 늘 예전의 책만 꽂혀 있으면 책에 재미를 느끼겠는가. 부모가 서점에 자주 들러 관심 있는 분야의 책을 구입해서 즐겁게 읽는 모습을 아이에게 보여줘야만 한다. 그리고 신문을 보다가 좋은 정보나 자료를 스크랩하는 모습, 독서노트를 쓰는 모습, 늘 가까이에 책을 두는 모습 등을 보여주며 교육해야 한다. 이것이 가장 설득력 있는 독서교육이다.

넷째, 다양한 형태의 독서를 하자.

책을 붙들고 있는 것만이 독서가 아니다. 6학년 아이들은 움직임의 욕구가 강하고 활동성도 높다. 여행은 걸어다니는 독서다. 책의 줄거리가 되는 곳을 직접 여행하며 현장에서 읽는 독서, 차에서 책 내용을 듣는 오디오북, 저자의 강연을 통해 책 내용을 이해하는 저자 강연회, 책 내용을 바탕으로 만들어진 2차 저작물 즉 영화, 인형극, 뮤지컬 등도 독서의 한 형태다. 책과 관련한 여러 활동을 통해 독서로 이어질 수 있다. 이것을 기억하고 늘 아이의 독서 동기부여에 힘써야 한다.

마지막으로, 도서관을 최대한 활용하자.

주말에 특별한 계획이 없다면 무조건 아이와 함께 동네 도서관을 방문하는 것을 추천한다. 도서관은 최근 잡지에서 베스트셀러까지 분야를 초월한 다양한 책들을 무료로 만나볼 수 있는 곳이다. 아무리 책에 흥미가 없는 아이라 할지라도, 많은 책 중에 자신의 관심을 끄는 책이 있다. 또한 책에 심취한 사람들의 모습은 아이에게 자연스레 독서에 대한 흥미로 연결된다. 도서관에서 진행되는 프로그램에 아이를 참여시켜서 친구들의 독서활동을 눈여겨보며 도전욕구를 자극하는 것도 좋다.

나는 이러한 질문을 받은 적이 있다.

"선생님, 6학년 때 꼭 잡아야 할 습관이 있다면 뭘까요?"

질문을 듣고 나는 한 치의 망설임 없이 말했다.

"독서습관입니다. 어떠한 방법을 써서라도 6학년인 1년 동안 독서습관을 잡아놓으셔야 합니다. 중학교 가기 전에 가장 경쟁력 있는 습관이며, 중학교 공부를 확실히 준비할 수 있는 방법입니다."

아무리 강조해도 부족한 것이 독서교육이다. 간혹 부모님들이 "우리 아이는 어릴 때 책을 많이 사주지 않아서인지 책을 좋아하지 않아요." "우리 애는 책을 싫어해요."같은 이야기를 한다. 현재 아이가 책을 싫어한다면, 좋아하게 만들어야 하는 것이 6학년 학부모의 의무다. 반드시 책과 친해지도록 위의 방법들을 활용해서 생활 속에 독서습관이 자리하게끔 이끌자. 물론 독서교육은 하루아침에 완성되지 않는다. 하지만 오랜 시간 동안 독서를 하면 앞으로 닥칠 중, 고등학교 공부의 강력한 기초체력이 될 것임을 확신한다. 아이에게 게임기를 선물하는 건 지금 당장 아이를 행복하게 해주는 방법이고, 책을 선물하는 것은 아이를 평생 행복하게 해주는 방법이다. 절대 포기할 수 없고 놓쳐서는 안 되는 것이 독서다. 지금 당장 부모부터 독서에 앞장서라.

6학년 엄친아들의
공부법

6학년을 모범적으로 보내고 귀감이 될 만한 아이들, 소위 '엄친아(엄마 친구의 아들)'라고 불리는 아이들은 자신만의 공부법이 있다. 자신의 성격과 공부 스타일에 맞는 공부법을 찾아, 나름대로 즐기면서 공부를 해나가고 있었다. 이 아이들은 중학교 공부에 대해서도 자신감이 있다. 왜냐하면 자신만의 공부법에 확신이 있기 때문이다. 다음은 아이들의 공부법을 정리해보았다.

1) 타임 학습법 🌿

"공부하는 애가 10분 간격으로 방을 들락날락거리니? 좀 지긋이 앉아서 공부해."

은희 엄마는 아이의 산만한 모습을 보고 잔소리했다. 은희는 집중이 잘되지 않아 공부하기 힘들다고 투덜거린다. 은희 엄마는 육상선수의 기록을 재는 타이머를 은희에게 선물해주었다.

"엄마, 이건 왜 주는 거야?"

"이걸로 하루에 정확히 공부에만 몰입하는 시간을 스스로 체크해 봐. 공부시간은 많은 듯하지만 실제 학습시간은 적을 수 있거든. 매일 전체 학습시간을 재고 학습플래너에 기록해 봐."

엄마의 말을 듣고 은희는 자신의 공부시간을 초 단위로 재기 시작했다. 그리고 나니 자기가 목표한 공부를 다 하지 못하는 이유를 깨달았다. 저녁식사를 하고 8시부터 책상 앞에 앉아 10시까지 공부한 것 같은데 실제 공부시간을 확인하고는 깜짝 놀랐다. 친구와 휴대폰 문자를 주고받은 시간, 화장실 다녀온 시간, 간식 먹는 시간, 잠시 딴 생각을 하는 시간, 이 책 저 책을 그냥 뒤적거린 시간을 빼고 나니 채 1시간도 되지 않았다.

어른이나 아이나 숫자에 대해 민감하다. 은희가 공부시간을 체크하고 난 다음부터 은희의 공부태도는 조금씩 바뀌기 시작했다. 은희 엄마는 은희의 전체 공부시간이 일주일 내내 매일 2시간이 넘으면 용돈을 주기로 했다. 게다가 은희 스스로도 자기가 좀 더 노력해야겠다는 생각을 했기 때문이다.

밀도 있는 공부 즉 공부의 질이 높으면 다음은 공부의 양이다. 효율적인 공부에 양까지 더한다면 성적이 오르게 되는 것이다.

2) 빈칸 학습법

예다는 사회 공책과 실험관찰 등 학습정리된 부분과 스스로 핵심내용을 요약한 부분을 집에 있는 복합기로 복사한다. 그리고 복사한 것에서 중요 포인트와 핵심단어를 수정액이나 수정테이프로 가린다. 복사본이니 온통 수정테이프로 표시해도 된다.

예다의 공부는 지금부터 시작된다. 복사본의 수정테이프로 가려진 빈칸에 들어갈 단어를 맞추는 것이다. 예다는 예전에 자신이 안다고 넘어간 내용들이었는데 실제 빈칸에 들어갈 단어를 쉽게 떠올리지 못하는 자신을 보고 더욱 꼼꼼히 공부해야겠다고 생각했다.

처음에는 머릿속으로 빈칸에 들어갈 단어를 떠올리다가, 생각나지 않으면 관련된 부분을 교과서나 참고서로 찾아본다. 그래도 생각나지 않으면 복사한 원본자료를 꺼내보면서 답을 확인하는 것이다.

이렇게 복사본을 반복해서 보고, 틈날 때마다 꺼내보면서 성적이 많이 올랐다. 예다의 공부방에는 복합기, A4용지, 그리고 수정테이

프가 늘 준비되어 있다. 이러한 학습방법은 Cloze Test를 참고한 것이다.

Cloze test란, 글자 중 몇몇 단어를 비워두고 사용자에게 그 단어를 채워 넣도록 하는 것이다. 참가자들은 비어 있는 단어를 알아내기 위해서 자신이 알고 있는 지식과 함께, 문장의 문맥을 파악해야만 한다. 이것은 클로저에 관한 게슈탈트의 이론(빠진 조각을 채워 넣기 위해 머리를 쓰게 되는 것)에 바탕을 둔 것으로, 그것을 텍스트에 적용한 것이다.[6]

3) 이미지 학습법 🌿

윤진이는 공부할 때 4절지 도화지를 꺼낸다. 그리고 학습내용을 그림으로 그려나간다. 큰 제목, 중간 제목, 소제목을 파악해서 큰 범주의 핵심단어를 뽑아내고 이후 범주에 해당되는 내용들을 삽입해나가는 방식으로 공부한다.

예를 들어, 6학년 과학 교육과정에 나오는 '산과 염기' 단원에 이미지 학습법을 적용해보자. 다음과 같이 윤진이는 종이 한 장에 단원 전체를 그려서 눈으로 볼 수 있도록 도식으로 만들었다.

---

6) 출처 《Testing Content》 Angela Colter 지음.

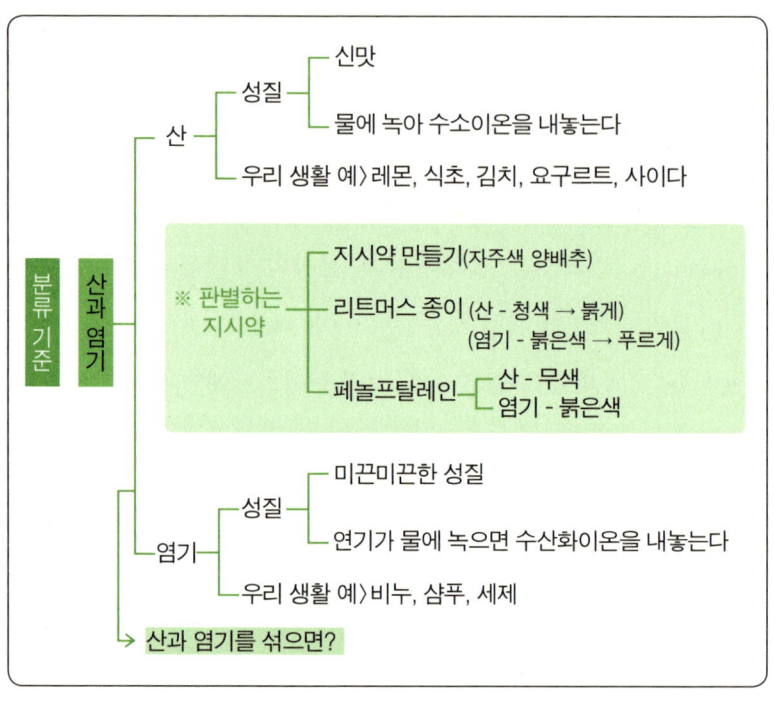

  다음 도식과 달리, 157쪽의 마인드맵처럼 동그라미와 선으로 그릴 수도 있고, 화살표를 이용해 순서를 나타낼 수도 있다. 또한 간단히 그림을 이용해 이해를 더할 수도 있다.

  이렇게 작성된 도식, 이미지를 이용해서 윤진이는 스스로 내용을 설명하면서 최종적으로 정리한다. 이미지로 그려 학습하면 개념을 입체적으로 파악할 수 있고, 무엇보다 오랫동안 학습내용이 유지될 수 있다. 뿐만 아니라 단순 암기가 아닌 응용력이 키워진다. 윤진이

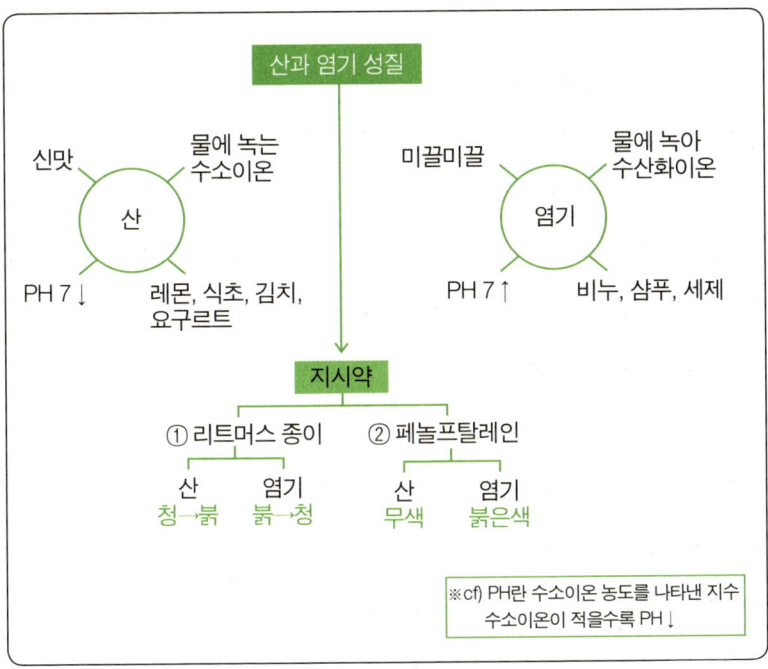

는 '산과 염기' 단원에 대한 부분이 나오면 스스로 그린 도식을 떠올리면서 내용을 정리한다고 한다.

스마트폰을 사용하는 학생이라면 SimpleMind라는 애플리케이션을 무료로 다운받아서 개념도식화(Mapping) 작업을 쉽게 할 수 있으니 참고하기 바란다.

4) 자투리 학습법 🖋

윤호는 책가방에 손바닥 크기만 한 수첩과 작은 책을 늘 가지고 다닌다. 그리고 시간이 날 때마다 그것을 꺼내본다. 독서하고 싶을 때는 책을 꺼내고, 머리가 좀 무거울 때는 단어장을 꺼낸다. 단어장은 크게 2파트로 나뉘어져 있다. 앞쪽은 책이나 신문을 읽다가 발견한 생소한 단어들이 정리되어 있고, 뒤쪽에는 영어 단어들이 정리되어 있다. 뜻을 적은 부분을 손으로 가리며 단어를 외우고, 확인하는 것이다.

책을 읽을 때는 그냥 읽기보다, 기억하고 싶은 부분에 밑줄을 그어 놓는다. 나중에 독서노트에 옮겨 적기 위함이다. 윤호가 이 공부를 시작한 것은 선생님의 시간에 대한 이야기를 들은 후부터다.

"시간은 저축해둘 수는 없어요. 결국 5분, 10분이 모여 1시간이 되는 거예요. 작은 시간을 소중히 생각하고 의미 있게 사용해보세요. 생각보다 많은 것들을 할 수 있을 거예요. 시간이 없다고 불평하지 말고, 시간을 아껴 쓰려고 노력해봐요."

윤호는 선생님이 시간의 중요성을 강조한 후부터 자투리 시간을 활용하기 위해 어디를 가나 작은 책과 단어장을 휴대한다.

우리 아이,
6학년 때 무엇을 배우나?

아이가 초등학교 6학년이 되면 총 10~11과목(국어, 영어, 수학, 사회, 과학, 도덕, 음악, 미술, 체육, 실과, 창의적 재량활동)을 배우게 된다. 창의적 재량활동은 학교마다 조금씩 차이가 있다. 한자, 컴퓨터, 독서교육 등을 주로 실시한다.

2007 개정교육과정에 근거하여 교과서 내용을 살펴보자. 현재 6학년 교과서는 2009 개정교육과정이 적용되는 2015년에 바뀌게 된다. 그렇다면 이제 과목별 내용을 살펴보자.

국어의 경우 '듣기 말하기 쓰기' 책에서는 뉴스 만들기, 연설문 쓰기, 축하 글 쓰기, 면담한 내용 쓰기, 대본 쓰기 등 다양한 주제에 관한 글쓰기 연습이 진행된다. 그리고 읽기 교과서를 통해 시, 수필, 소설 같은 문학작품에서 설명문, 논설문 등 비문학작품까지 두루 접하게 된다. 6학년이라 글 밥이 많다. 교과서에는 작품의 일부만 실려 있는 경우가 대부분이기 때문에 아이가 따로 작품을 독서해보는 것이 좋다. 부모님들은 교과서 연계도서목록을 참고해서, 아이가 폭넓은 공부와 교과서 연계독서를 할 수 있도록 지원해주어야 한다.

거듭 강조하지만, 교과서에 수록된 글의 원문을 찾아 전후 내용을 읽어보는 것은 매우 의미 있고 효과적인 공부가 된다. 교과서 맨 뒤쪽을 펼쳐보면 교과서 작품의 출처가 제시되어 있다. 교과서 연계도서로는 국어교과만 충실해도 된다. 교과서 작품이 실린 단행본을 구입해서 읽는다면, 학교 공부가 한층 재미있을 것이다.

6학년 수학으로는 어떠한 공부를 하게 될까? 최고 학년답게 고차원적인 개념들이 본격적으로 등장한다. 분수와 소수를 시작으로 각기둥과 각뿔의 이해, 쌓기 나무, 비와 비율, 비율그래프, 방정식, 경우의 수, 연비, 원과 원기둥 등을 배우게 된다. 특히 아이들이 가장 어려워하는 부분은 경우의 수, 확률, 문제 푸는 방법 찾기 단원이다. 아이들은 실생활과 연계된 문장제 문제를 어려워하는 경향이 있다. 또한 아이들은 수학에 대한 막연한 두려움이 있다. 그렇다 보니, 문제를 보고 어떻게 풀어야 할지 방법이 바로 떠오르면 다행인데, 그렇지 않으면 쉽게 불안해하고 심지어 자포자기해버리기도 한다. 때문에 수학에 대한 편견을 없애고 재미를 붙여주는 것이 매우 중요하다.

앞으로 수학교육의 방향이 실생활에서 접하게 되는 수학적 문제, 즉 스토리텔링을 중요하게 여기기 때문에 '문장제 문제'를 연습해볼 필요가 있다. 아이 스스로 매일 문장제 문제를 최소 1문제씩 끝까지 풀어보게끔 이끌어줄 것을 권한다. 누구나 서술형 문제에 대한 거부감이 있다. 전략은 익숙해지는 것이다. 매일 조금씩 문장제 문제를 푸는 습관을 길러주어야 수학과 친해질 수 있다.

이제 사회 과목을 살펴보자. 6학년 아이들은 5학년 때 배운 역사를 제외하고, 일반사회, 세계지리, 정치 경제, 통일 등에 대해 배우게 된다. 따라서 부모님들은 뉴스나 신문을 보다가 아이가 질문하게 되면, 쉽게 설명해주는 태도를 가져야 한다. 우리나라의 정부기관 즉 국회의사당, 법원, 청와대 등을 현장 학습하는 것도 효과적이다.

과학은 좀 더 다양한 분야를 아우르게 된다. 아이들은 기체의 성질, 지진, 우리 몸, 암석, 전자석, 무게와 압력, 일기예보, 계절 변화, 연소와 소화, 지레의 원리 등에 대해 배울 것이다. 학교에서는 단원 내용을 실험으로 가르친다. 그러나 모든 내용을 실험하는 데는 한계가 있다. 따라서 부모님들은 아이들과 함께 과학관 방문이나 과학도서를 함께 읽으면서 학습을 돕는 것이 좋다.

영어의 경우, 교과서에 나온 문장을 외울 정도로 전자교과서를 반복해서 듣는 것이 매우 좋다. 영어가 귀에 익숙해지고, 입에 익숙해지는 것이 영어 학습의 출발점이다. 초등학교 영어가 그리 어렵지 않으니 부모님들이 아이들과 내용을 묻고 답해보는 방식도 좋다. 간혹 부모님들 가운데 자신의 불완전한 영어 발음이 문제될까 걱정하기도 한다. 이미 영어는 국제어다. 미국 사람이 발음하는 것만이 영어가 아닌 것이다. 그러니 그런 걱정을 떨쳐버리고 자신감 있게 영어 공부를 도와주자.

그 외 과목으로 실과에서 재활용품 만들기, 바느질하기, 애완동물 조사하고 기르기, 나무목재로 선반 만들기 등의 활동이 있다. 집에서 기회가 된다면 아이와 이 활동들을 함께해보는 것이 좋겠다.

6학년 우리 아이의 수학, 사회, 과학을 책임질 추천 도서는?

다음은 6학년 수학, 사회, 과학을 공부하는 데 도움이 될 도서를 소개하고자 한다.

• **수학** : 《수학이 순식간에》(리즈 앳킨슨, 주니어김영사) 《수학귀신》(한스 엔첸스베르거, 비룡소) 《파스칼이 들려주는 경우의 수 이야기》(정연숙, 자음과모음) 《카르다노가 들려주는 확률1 이야기》(김하얀, 자음과모음) 《기적의 수학 문장제 6》(김은영, 길벗스쿨) 《만화로 보는 수학 비타민》(박경미, 랜덤하우스코리아) 《수학이 숨어 있는 명화》(이명옥, 시공아트주니어) 《수학

대소동》(코라 리, 다산어린이) 《수학의 원리를 사고 파는 수학상점》(신수현, 예림당)

수학의 기초가 부족한 학생이라면 스토리텔링 중심으로 엮어진 《행복한 수학 초등학교》(강미선, 휴먼어린이) 또는 《우리 수학놀이하자》(크리스틴 달, 주니어김영사)가 수학에 떨어진 흥미를 찾아줄 것이다.

• **사회** : 《아빠, 법이 뭐예요》(우리누리, 창비) 《이야기로 배우는 어린이 경제교실》(매일경제 경제경영연구소, 매일경제신문사) 《최열 아저씨의 지구촌 환경이야기》(최열, 청년사) 《손에 잡히는 사회 교과서 1, 2, 6, 12, 13, 19》(길벗스쿨)

아이가 뉴스와 신문 등 세상 이야기에 관심을 가지고 질문이 많아지기 시작한다면 《어린이 시사마당 세트》(우리누리, 주니어랜덤)를 추천하다.

• **과학** : 《산과 염기 이야기 33가지》(문미정, 을파소) 《전기와 빛 이야기》(엄광용, 사계절) 《우리 몸 탐험》(리처드 워커, 다섯수레) 《식물이 시끌시끌》(닉 아놀드, 주니어김영사) 《지구 사용 설명서》(우쿠더스 지구이주대책위원회, 한솔수북) 《자석은 마술쟁이》(테리 디어리, 주니어김영사) 등이 있으며, 초등 과학과 관련한 시리즈 도서로는 《선생님도 놀란 초등 과학 뒤집기》(성우주니어) 《손에 잡히는 과학 교과서》(길벗스쿨) 중에서 관심 있는 단

원을 선택해서 읽는 것을 추천한다.

부모가 세상의 모든 지식을 아이에게 가르쳐줄 수 없다. 그러나 부모가 아이의 필요를 알고 적절한 책을 주는 것만으로도 아이 지혜의 키가 자랄 수 있다. 부모가 똑똑해지려 하기보다 지혜로워지려고 하는 것이 현명하다. 최고의 선생님은 부모님이고, 최고의 도구는 책이란 걸 명심하고 좋은 책을 골라 아이들이 읽도록 지도하자. 그러나 위의 책들을 읽어야 한다고 강요하지는 말자. 그보다는 특별한 날에 책 선물로 주거나, 가족끼리 책 이야기를 하는 도서로 선정하는 등 아이가 자연스럽게 관심을 갖도록 이끌어주어야 한다. 무엇이든 '꼭 해야 한다'는 마음이 앞서게 되면 내용보다는 쪽수에 집착하게 되고, 독서효율을 높이기 어렵다.

6학년 엄친아들에게 물었습니다!
- 이게 가장 중요해요!

질문 3) 만약 여러분(초등학교 6학년)이 초등학생을 키우는 부모가 된다면, 무엇을 강조하고 어떻게 자녀를 키우고 싶습니까?

BEST1) '독서'를 가장 강조하면서 키우고 싶다. 독서는 모든 공부의 기초다. 따라서 장르를 불문하고 다양한 분야의 책을 재미있게 읽을 수 있도록 지도하겠다. 또한 학원을 의지하기보다 아이 스스로 독서하고 공부할 수 있도록 지도하겠다.

BEST2) 도덕적으로 성숙된 아이로 키우고 싶다. 공부를 잘한다고 할지라도 도덕적으로 바르지 못한 아이들은 미래발전 가능성이 없다. 자유를 허용하되, 아이의 잘못된 행동에 대해서는 엄격하게 지도할 것이다. 당근과 채찍을 적절히 활용하며 친구 같으면서도 규칙을 준수하는 데는 단호한 태도를 가지겠다.

BEST3) 공부하라고 하기보다 공부해야 하는 이유에 대해 알려주는 부모가 되고 싶다. 6학년이 되면서 공부에 대한 스트레스가 많아지고 있다. 그런데 '알아가는 공부'가 아니라 '해야 하는 공부'여서 힘들다. 따라서 내 목표를 위해 공부한다는 것을 충분히 알려주며 신나게 공부할 수 있도록 지도하고 싶다.

마냥 어려 보이는
내 아이, 어느새
중학생이구나!

4장

아이가 어떤 중학교에
들어가면 좋을까?

초등학교 6학년 2학기가 되면 아이들의 가장 큰 이슈는 단연 중학교 배정이다. 친한 친구들끼리는 '같은 학교에 갔으면 좋겠다. 혹시 우리가 다른 중학교에 가더라도 자주 만나자.'는 대화가 많이 오간다.

6학년 아이를 둔 부모도 중학교에 대한 생각이 많아진다. 초등학교는 집에서 가까운 인근의 학교를 보냈지만 중학교만큼은 학군이 좋은 곳으로 보내야겠다는 생각을 하게 된다. 따라서 여름방학을 이용해서 이사를 하는 경우가 꽤 있다.

중학교의 배정 업무는 10월 말부터 시작된다. 가족이 실제 거주하는 주소가 명시된 주민등록 등본을 학교에서 요청할 때 제출하면 된다. 이때, 하나의 주소에 6학년 학생이 여러 명 등록되어 있다면 교육지원청에서 '동일거주자'로 확인할 수 있다. 물론 쌍둥이이거나 특수한 경우는 예외다. 따라서 아이의 중학교는 초등학교 학군과 다르게 보내고 싶다면 여름방학을 이용해 이사하는 것이 현명하다. 또한 아이의 진학을 희망하는 중학교가 있다면 소재중학교 관할 교육지원청을 방문하여 학교군을 확인할 수 있다.

즉, 서울시 도봉구 창동 소재의 중학교 진학을 희망한다고 해보자. 이를 위해 도봉구 창동으로 거주 이전을 한다고 해서 희망한 대로 배정받는 것이 아니다. 창동의 경우 창1동에서 창5동까지 행정동이 분류되는데, 창3동의 경우 전혀 다른 학군으로 편성되어 있다. 따라서 관할 교육지원청 민원실에 문의해서 중학교 학교군 현황을 확인하고 거주 이전을 하는 것이 필요하다.

우리나라의 교육열은 전 세계적으로 화제가 되고 있다. 그만큼 아이의 교육에 쏟는 부모 정성과 관심도 대단하다. 자신의 아이가 더욱 좋은 환경에서 공부하기 바라는 마음은 모두 같을 것이다. 한번은 이런 질문을 받은 적이 있다.

"선생님, 학군이 좋은 곳으로 이사해야 할까요?"

"선생님, 학군이 의미가 있을까요?"

이러한 질문을 받으면 나는 다음과 같이 말씀드리고 싶다.

'학군이 좋다'는 것은 자녀교육에 관심이 많은 부모들이 모인 곳이라는 의미이며, 아이 또한 공부 욕심이 많은 편이라는 뜻이다. 즉 학군이 좋아서 아이 성적이 좋아지는 것이 아니라 성적이 좋은 아이들이 모였기 때문에 성적이 우수하게 나온다는 것이다. 아이의 중학교 성적을 학군에 기대하는 것에 부모님들이 좀 더 신중해져야 할 이유는 여기에 있다.

학군 좋은 중학교가 우리 아이에게 맞을까?

부모님들이 학군이 좋은 학교를 선호하는 이유를 정리해보면 크게 2가지다.

첫째, 학교의 학습 분위기다. 공립학교는 교사들이 한 학교에 최대 5년까지 근무할 수 있다. 그 이후 전근을 간다. 즉 학교의 교사는 계속 바뀌는데도 좋은 학군이 유지된다는 것은 바로 학생이 그 이유인 것이다. 학업에 관심이 많은 아이들이 모이기 때문에 수업시간 분위기는 대체로 좋다. 또한 주위에 소위 '노는 아이'가 아닌 모범생의 수가 많다 보니 친구들을 통해 공부에 도전을 받고 자극 받을 환경이 꾸려지는 것이다. 특히 아이가 주위환경에 영향을 많이 받는 성향(장의존형(Field-dependent)이라면 더욱 학군이 좋은 학교를 택해볼 만하다. 근주자적 근묵자흑(近朱者赤 近墨者黑)이다. 먹을 가까이 하면 검어지고,

인주를 가까이 하면 붉어진다는 의미다.

둘째, 학군이 좋은 학교 주위에 즐비한 유명한 학원이다. 아이들의 성적은 학교가 아닌 학원이 만든다는 말이 나올 정도로 아이들이 사교육에 많이 의존한다. 하교 후 걸어서 갈 수 있는 학원이 많다는 이유로 아파트 가격이 높은 단지들이 있는 건 이제 놀랄 일도 아니다. 자녀교육에 관심이 많고 교육열이 높은 부모들이 모였으니 자연스럽게 사교육이 뿌리내리고 싹튼 것이다.

준태는 초등학교 시절, 반에서 중상위권 성적을 유지한 학생이다. 선생님께 관심도 많이 받고 친구들과도 원만하게 잘 지냈다. 중학교 진학을 앞두고 엄마의 권유로 학군이 좋은 곳으로 이사를 가게 되었다. 그리고 엄마의 바람대로 원하던 중학교에 배정을 받았다.

그런데 준태가 중학교 1학년 첫 성적표를 받고 본인도, 부모도 모두 충격을 받았다. 전교 등수는 말할 것도 없고, 학급 등수까지도 상상하지 못할 정도로 낮게 받은 것이다. 학교수업도 착실하게 듣고, 수행평가도 성실하게 준비했다. 학원도 꾸준히 다녔는데 성적이 떨어지다니, 준태는 이해되지 않았다.

이유는 간단했다. 학군이 좋은 학교의 아이들은 선행학습은 물론 심화학습까지 한다. 이 때문에 학교에서 선생님들이 중간, 기말고사 문제를 낼 때 일반적인 문제보다는 심화문제를 중심으로 출제한다. 조금 더 생각해야 하는 문제, 응용력이 필요한 문제가 출제되는 것이다. 시험문제 난이도를 '중'에 맞출 경우 변별력이 없기 때문에 난이도 '상'의 문제출제 비중이 높은 것이다.

준태는 사교육의 포트폴리오를 다시 구성했고, 학원도 기존 2개에서 4개로 늘렸다. 아이는 한때 학업 스트레스가 꽤 심했다. '내가 이 정도밖에 안 되는가!' 하는 좌절감 때문이었다. 그러나 아이가 마음을 고쳐먹어 '나도 열심히 해서 10등 안에 들겠다!'는 결심을 하고 친구들에게 질문하고, 계획을 짜서 자기 주도적으로 공부해나갔다. 준태가 친구들과 함께 공부하는 모습을 볼 때 부모는 희망이 보인다고 한다.

자, '학군이 좋은 학교로 가는 것이 좋을까요?'라는 질문으로 다시 돌아가보자. 결론은 아이의 선택에 맡기라는 것이다. 중학교 환경에 적응해야 하는 것도, 공부를 직접 해야 하는 것도 아이 본인이다. 더군다나 학군이 좋은 학교의 환경은, 그만큼 학습 강도가 더 셀 것이다. 그것을 감당해낸다면 아이에게 긍정적인 효과가 있겠지만, 만일 아이가 감당하지 못한다면 학업 스트레스만 가중되어 오히려 부정적일 수 있다. 부모의 욕심에 아이를 학군 좋은 학교로 이끈다고 모두 좋은 결과를 가져오는 것은 아니라는 것이다. 아이가 치열하고 답답한 환경이 아닌 곳에서 더 신 나게 공부할 수 있다면 그것이 더 현명할 수 있다.

아이에게 A 환경과 B 환경을 알려주고, 각각의 장단점도 설명해

주고 덧붙여 부모의 충고와 의견을 이야기해주자. 그리고 최종 결정
은 아이가 신중하게 내릴 수 있도록 해야 한다. 6학년은 더 이상 어
린아이가 아니다. 6학년 부모가 이끄는 대로 이끌 수 있는 존재가 아
니다. 6학년 아이의 인격과 의견을 존중할 때, 아이들도 부모의 말과
심정을 진심으로 받아들이고 존경하는 것이다.

6학년 우리 아이,
중학교 가기 전에
이것만은 갖추자!

6학년은 초등학교의 생활을 마감하고 중학교 생활을 준비하는 징검다리와 같은 학년이다. 본격적인 학업 레이스에 들어가는 중학교 시기를 대비해서 6학년 아이들은 무엇을 갖춰야 할까? 이것을 4가지로 정리해보겠다.

중학교 가기 전에 꼭 잡아야 할 첫 번째 - 부모와의 애착관계

중학교는 초등학교보다 하교 시간이 1~2시간 늦다. 아이가 집에 돌아와 저녁을 먹고, 학원수업을 마치고 집에 돌아오면 8시, 9시다.

중학교 학년이 높아지면 학교마다 상황은 다르지만 보충수업이 진행된다. 그러면 하교 시간은 더욱 늦어진다.

　이와 같이 학교와 학원에서 보내는 시간이 늘어남에 따라 자녀와 얼굴을 마주하고 이야기할 수 있는 절대적 시간도 줄어든다. 그리고 아이가 중학생이 되면 초등학교 저학년 때처럼 부모 옆에 앉아 종알종알 이야기보따리를 풀어놓을 거란 기대를 버려야 한다. 즉, 아이와의 소통이 쉽지 않다는 것이다. 여성가족부에서 2011년 6월~12월 2200가구의 주 양육자 1명(남성 314명, 여성 1886명)과 청소년(만 9~24세) 3492명을 대상으로 한 설문조사 보고서 〈2011 청소년종합실태조사〉에 따르면 '아버지와 하루 평균 대화 시간이 얼마인가?'라는 질문에 청소년 응답자 42.1%는 30분 미만, 6.8%는 전혀 하지 않는다고 응답했다. 또한 청소년들의 24.9%는 어머니와 하루 평균 대화가 30분 미만이라고 응답했다.[7]

　아이가 성장할수록 부모와의 대화시간이 줄어드는 데는 부모와의 굳건한 애착관계가 없다는 것에 그 원인을 찾을 수 있다. 중학교 3학년 아이를 둔 학부모의 한탄 섞인 이야기를 들은 적이 있다.

　"아이가 초등학교 때는 여행도 같이 가고, 사소한 것도 함께하면서 많은 시간을 보냈어요. 그러면서 아이와 더 친해졌지요. 그런데 아이

---

7) 국민일보 2012.01.19 '존재감 없는 아빠'… 청소년 2명 중 1명 하루 대화 30분도 안 해, 기사 참조.

가 중학생이 되고 사춘기를 심하게 겪으니 이제 아이와 함께 사는 것이 불편하게 느껴지는 경우도 많아요."

6학년 아이와 최대한 많은 시간을 함께하고, 이야기하고, 많은 것들을 공유하도록 노력하자. 부모와 대화시간이 많을수록 아이의 학업성적이 우수하다는 연구결과도 있다. 이것을 보았을 때 부모와의 애착관계로 아이가 정서적 안정감을 가지고 차분하게 공부할 수 있는 마음 환경이 조성된다는 것을 알 수 있다. 아이의 마음 밭을 고르게, 평탄하게 해주도록 힘써야 한다.

중학교 가기 전에 꼭 잡아야 할 두 번째 - 독서 습관 🖋

초등학교 6학년인 아이를 보면 '어려워진 6학년 교과목 그리고 중학교 공부 준비로 바쁜데, 독서할 시간이 어디 있어?'라고 생각할 수 있다. 물론 책을 좋아하는 아이라면, 시간을 쪼개서라도 독서하고 틈만 나면 책을 꺼내본다. 문제는 책을 좋아하지 않는 아이다. 책이라 하면 오직 교과서와 문제집만 보는 아이들 말이다.

책을 통해 생각하는 힘이 길러지고 상상력과 창의력, 문장이해력 그리고 논리력이 늘어난다. 아이가 이제 6학년이다. 늦었다는 생각보다는 지금부터라도 아이가 책을 가까이 하도록 노력한다면 얼마든지 독서광으로 만들 수 있다.

책을 좋아하지 않는 아이들의 특징을 살펴보자. 대부분 왜 책이 재미있는지를 느끼지 못하는 아이들이다. 따라서 자신이 관심 있어 하는 분야의 책부터 집중적으로 읽어나가도록 이끈다. 책 전집을 구입하기보다 서점에 가서 읽고 싶은 책을 마음껏 고르게 하고 읽도록 한다. 지역의 문화센터 등에 개설된 독서모임에 아이를 가입시켜, 정기적으로 책에 대해 함께 이야기할 시간도 갖는다.

덧붙여 집에서는 TV를 없애고, 컴퓨터와 스마트폰 등과 같은 영상기기로부터 거리를 두게 해야 한다. 방법은 간단하다. 부모부터 책을 가까이 하는 것이다. 부모가 행동으로 교육하는 것이다. 부모가 먼저 인내하면서 아이가 독서하러 올 것을 기다려보자. 심심해서 책을 보러 오는 아이의 모습을 발견할 수 있을 것이다. 아이가 책 한 권을 읽으면 용돈을 준다거나 독서 표에 스티커를 붙여 독서 상황을 표시하는 방법을 써서 동기부여를 하는 것도 필요하다. 또한 가족이 한 달에 한 번 독서토론을 해보는 것도 좋다. 책 한 권을 선정해서 이 책에 대해 서로 느낀 점을 돌아가면서 말하고, 주인공의 잘한 점과 잘못한 점, 책을 읽으면서 생각난 나의 경험 등을 자유롭게 이야기해보자.

중학교 가기 전에 꼭 잡아야 할 세 번째 - 자기주도학습 습관 🌱

나는 6학년 2학기가 되면 일주일 1시간 창의적 재량활동 시간을 이용해 자기주도학습 코칭을 실시한다. 아이들이 스스로 공부하고 싶어하는 마음은 간절한데 정작 어떻게 해야 하는지를 모르는 경우가 많다. 목표 관리, 시간 관리, 동기 부여, 학습플래너 작성 등에 대해 하나하나 설명해주면, 아이가 자기 학습과 연결시키면서 작은 변화들이 일어난다. 실제 6학년 국제중학교 학업계획서를 쓰면서 한 제자가 나에게 한 말이다.

"선생님, 이제 공부를 어떻게 해야 하는지 알겠어요. 앞으로 어떠한 내용을 배우든 어떻게 소화시키는지 공부법을 알게 되었어요. 목표를 정하면 이룰 수 있다는 자신감도 생겼고요."

이 책에 소개된 6학년 자기주도학습 지도방법을 숙지해서 아이에게 적절한 지도를 해주자. 부모의 지도가 어렵다면, 최근 공부법을 가르쳐주는 학습캠프, 학습멘토링 캠프 등이 많은 기관에서 운영되고 있으니 그런 곳에 아이를 참여시키는 것도 좋겠다.

중학교 가기 전에 꼭 잡아야 할 네 번째 - 체력 🌿

좋은 습관을 가지고 우수한 성적을 낸다고 해도 체력이 뒷받침해주지 않으면 모래성을 높이 쌓아가는 것과 마찬가지다.

6학년 여름방학을 앞두고 수진이는 수술을 예약했다. 평소 만성비염으로 인해 늘 코가 막히고, 기침을 해서 학습에 방해가 되었다. 또한 비염으로 인해 뇌로 충분한 산소공급이 되지 않아 집중력도 떨어져서 수술을 결심한 것이다.

준혁이의 겨울방학 목표는 근육량을 늘리는 것이다. 키에 비해 살이 없어 마른 체형인데, 체지방 측정결과 근육량이 많이 부족한 것으로 나와 1:1 운동을 한다고 한다. 준혁이 어머니는 6학년인 아이가 저녁 7시만 되면 피곤해서 졸고 있는 것이 매우 안타까웠는데, 이번 운동을 계기로 체력을 다질 거라고 기대했다.

체력은 하루아침에 길러지는 것은 아니다. 그리고 절대 놓쳐서는 안 되는 중요한 부분이다. 중학교의 진학은 42.195 킬로미터를 뛰기 위해 마라톤 출발선에 서는 것과 같다. 마지막 도착점인 대학 입학시험까지 장기 레이스를 뛰기 시작하는 것이다. 그런데 사전에 충분한 준비운동과 체력이 뒷받침되지 못하면 좋은 기록으로 완주하기란 쉽지 않을 것이다. 이제 대학 입학시험까지의 긴 레이스를 완주하기 위해 여러 가지 전략도 필요하겠지만 먼저 지치지 않을 든든한 체력도 뒷받침되어야 한다.

아이가 비만이거나 너무 마른 체형이라면 아이의 성향과 맞는 운동을 정해 꾸준히 할 것을 추천한다. 이것은 체력 보강뿐만 아니라 정신 건강, 스트레스 관리에도 아주 효과적이다. 땀을 흠뻑 내고 나면 머릿속을 맴돌던 잡념들이 사라지고, 머리가 맑아짐을 느낀 적이 있을 것이다. 재미있게 완전히 몰입하여 즐길 수 있는 운동을 찾아서 6학년 동안 하고 나면 기본기를 다질 수 있을 것이다.

6학년 아이를 바라보기 전에
'부모, 나'를 바라보자

까칠한 6학년 아이들에게 "이것 해라." "저것은 하지 마라." "엄마 말 좀 들어."라는 말로 대하다 보면 부모도 아이도 지쳐가는 경우가 많다. 부모는 어서 아이가 철들어서 부모의 마음을 헤아려주기를 기대한다. 하지만 아이가 부모의 마음을 헤아릴 줄 안다면 어찌 '아이'이겠는가.

아이가 바르고 행복하게 자랐으면 하는 바람으로 부모는 끊임없이 아이에게 충고한다. 그런데 아이의 바른 성장, 행복을 위해 정작 부모 자신의 행복을 놓치고 있지는 않은지 살펴볼 필요가 있다.

6학년 태호, 5학년 태은이 엄마는 얼마 전부터 공인중개사 자격증을 따기 위해 공부를 시작했다. 태호네 엄마는 아이 둘을 출산하면서 다니던 직장을 그만두고 전업주부가 되었다. 그런데 아이들이 고학년이 되면서 엄마로서 삶이 무료해지고, 의욕도 사라지는 반면 아이들에게만 관심이 집중되어 사사건건 아이들에게 간섭하는 자신을 깨달았다.

"애들이 제가 하나에서 열까지 챙기는 것을 귀찮아하고 짜증낼 때 제 자신이 초라해져가는 것 같았어요. 애들만 바라보고 많은 걸 포기하고 살았는데, 아이들의 반응이 냉랭하니 실망감을 느꼈지요."

심지어 하루는 아이들로부터 "엄마는 매일 집에만 있어. 다른 엄마들은 직장에 다니거나 일하는데 엄마도 한번 해봐."라는 말을 들었다. 그러면서 공부를 더욱 결심하게 되었다고 한다. 그런데 신기한 것은 자신이 공부를 시작하면서 오히려 아이들과의 관계가 좋아졌다는 것이다.

"제가 거실에 앉아 공부하면 아이들이 제 공부에 방해될까 싶어 TV도 켜지 않고, 컴퓨터 게임도 많이 참아요. 딸아이는 '엄마, 같이 공부해.'라면서 옆에서 앉아 공부를 같이 하지요. 아들도 가끔 '엄마, 공부 잘 돼가?' 하면서 관심을 가져요."

태호네 엄마는 직접 행동으로 보여주면서 아이들을 지도한 셈이다. 자신의 목표를 정하고, 매일 시간을 정해 집중해서 공부하는 모습을 아이들에게 '말'이 아닌 '행동'으로 보여준 것이다.

윤지 엄마는 아이들에게 독서교육을 많이 강조하는 엄마였다. 그래서 아이가 3살 때부터 매일 책을 읽어주고, 주말에는 도서관에서 가서 아이에게 다양한 책을 소개해주었다. 아이가 6학년이 되자 스스로 책을 읽는 시간이 늘어나면서, 윤지 엄마는 젊었을 때의 꿈이었던 '동화작가'가 되기 위해 윤지가 읽는 책을 함께 보면서 내용에 관해 이야기한다. 즉 윤지의 독서교육도 하고 저자의 입장에서 어떠한 글을 썼는지도 함께 살펴보는 것이다. 윤지 엄마는 신춘문예 작품을 준비한다고 한다.

아이의 행복을 위해 부모의 현재 행복을 가볍게 여기지는 않는지 되돌아볼 필요가 있다. 아이에게 무조건 많은 시간과 관심을 쏟는 것이 최선의 자녀교육법은 아니다. 6학년이라면 더욱 그렇다. 부모가 공부하라고 말하기보다, 부모가 직접 공부하고 몰두하는 모습을 보여주는 것이 중요하다. 부모가 먼저 '몰입의 즐거움'으로 충만해졌으면 한다.

학교 현장에서는 '교사가 즐거우면 학생들도 즐겁다'고 말한다. 교사의 감정 상태가 얼굴 표정과 언어로 그대로 표현되기 때문에 늘 마인드 컨트롤을 하려고 노력한다. 가정에서도 마찬가지다. 부모가 즐거우면 아이도 즐거울 수밖에 없다. 만약 아이가 짜증나고 감정적으로 편한 상태가 아닐지라도, 부모가 즐겁고 행복하면 이것을 너그러이 받아들일 수 있다.

부모의 넓고 깊은 포용력의 근원은 부모의 행복감이다. 부모가 행복하기 위해 두 가지만 명심하자.

첫째, 부모가 잠시 묻어둔 꿈에 대한 열망을 다시 불태우자. 목표를 향해 한 걸음 다가가는 것이 주는 행복감과 설렘은 참으로 크다. 생활 속에서 꿈이 주는 즐거움과 성취감은 행복바이러스가 되어 아이에게 급속히 전파될 것이다. 젊은 시절, 무언가를 이루고자 노력했던 자신의 모습을 떠올리며 다시 종이와 펜을 꺼내 목표를 적어보고 실천하고자 노력해보자. 그리고 아이에게도 공언하며 협력을 요청해보자. 아이는 분명 부모를 응원하고 도와줄 것이다.

둘째, 감사의 습관이다. 한 학부모는 매일 오늘 감사할 일을 세 가지 떠올려 본다고 한다. 평범한 날이라 아무리 생각해도 감사할 일이 없는 것 같아도, 곰곰이 따져보면 감사할 일이 많다고 한다. 모든 가족이 건강한 것, 아이가 학교생활을 잘하는 것, 큰 걱정 없이 잘 지내는 것 등이다. 즉 특별한 일이 있을 때만 감사하는 것이 아니라, 모두가 건강하고 아무 탈 없이 하루를 지내는 것에 감사한다는 것이다. 감사가 습관이 되면 웃을 일이 많아지고, 여유가 생기며, 아이의 투정도 너그러이 받아들일 수 있다.

아이의 행복보다 부모의 행복이 먼저다. 아이의 행복을 위한 부모의 희생은 결국 반쪽짜리 행복이다. 부모가 행복하면 결국 아이도 행복해질 수 있고 이것이 완전한 행복이다. 그리고 부모의 행복은 아이에게서 나오는 것이 아니다. 아이가 성적을 잘 받아왔다고 행복하고 안 하고 좌지우지되는 것은 아니다. 행복의 근원은 분명 부모 자신이어야 한다. 그러면 아이의 성적에도, 큰 투정에도, 부모의 마음은 흔들리지 않고 두 팔을 벌려 아이를 보듬어줄 수 있다. 부모가 말이 아닌 행동으로 교육하고, 부모가 먼저 행복해지는 모습을 직접 보여주자. 그리고 분명 부모 자신이 행복해질 수 있도록 노력하고 또 노력해야 한다. 이것이 최고의 자녀교육법 출발점이자 핵심포인트다.

갈팡질팡 우리 아이의 진로,
어떻게 지도해야 할까?

"승준아, 너 요즘 왜 이렇게 힘이 없니. 무슨 일이 있니?"

"아뇨. 그냥 엄마 아빠 때문에 속상해서요."

아이는 선생님의 말 한마디에 눈물을 글썽이며 대답했다. 그리고 용기를 내어 고민거리를 털어놓았다.

"저는 커서 야구 선수가 되고 싶어요. 그래서 엄마한테 토요일마다 동네 주니어 야구클럽 훈련에 참가할 수 있게 해달라고 했어요. 그런데 엄마가 야구는 취미로 하라고 하시면서 절대 안 된다고 하는 거예요. 공부도 하기 싫고, 아무것도 하고 싶지 않아요."

그제야 승준이의 중간고사 성적이 급격히 떨어진 이유를 알 수 있었다. 승준이는 더 이상 공부할 의미가 없는 것이다. 승준이에게 공부는 노동이며 일이다. 부모의 철저한 강요, 학교의 통제 때문에 교실에 앉아 공부하고 있을 뿐이지 전혀 받아들이지 않고 있다. 친구들도 처음에는 승준이에게 같이 놀자고 하다가 계속 혼자 시큰둥하니 조금씩 멀어지는 듯했다.

"승준이 어머니, 승준이가 야구를 무척 좋아하나 봐요."

"네, 승준이는 자칭 초등학생 야구해설가예요. 야구팀 전력을 분석하고 경기 결과를 매일 확인해요. 자기는 투수를 하겠다고 거실에서 공을 들고 투구 폼을 연습하고 있어요. 공부하라고 해도 제 말이 먹히질 않아요. 어떻게 해야 할지 모르겠네요."

"승준이 꿈이 참 자주 변했을 거예요."

"네, 맞아요. 의사, 경찰관, 태권도 선수, 야구 선수……."

"6학년 아이들의 진로희망 또한 바뀔 거라고 생각하면 조금 편안해지실 것 같아요. 지금은 죽고 못 살 만큼 무척 좋아하지만 금방 시들시들해지죠. 승준이는 야구 경기의 흥미진진한 모습만 동경하고 있어요. 실제 선수들의 화려한 경기 이면에 숨겨진 고진 훈련의 땀방울을 정확히 알지 못하죠. 따라서 야구 훈련에 직접 참여해보는 게 좋을 듯합니다. 자신이 주전 선수로 활약하기까지 모든 훈련을 완벽히 소화해내기가 힘들다는 것을 체험한다면 마음이 달라질 수 있어요. 단순히 야구에 열광한다고 해서 야구 선수가 될 수 없다는 것을 자각하게 되는 거죠.

그러니까 승준이가 야구클럽 활동에 참여하게 해주세요. 그런데 참여조건을 만드세요. 학교공부에 소홀하면 야구클럽 훈련 참여 횟수를 줄이는 것입니다. 승준이가 정말 야구 훈련과 학업까지도 성실하게 해나가고, 감독도 재능이 있다고 추천한다면 그때 진지하게 생각해보셔도 늦지 않아요."

"정말 그렇게 해도 괜찮을까요?"

"그럼요. 지금 승준이는 갈 길을 잃었어요. 그리고 공부할 의미도 찾지 못하고 있어요. 꿈을 더 크게 가지도록 해주세요. 메이저리그 선수로 활동하기 위해서는 영어 공부도 열심히 해야 하고, 미국에서는 운동선수의 학업성적도 중요하게 여긴다는 것을 알려주면 좋죠."

승준이는 엄마에게 운동과 공부 모두 소홀히 하지 않겠다고 다짐하고 야구클럽 훈련에 참여했다. 승준이의 표정은 밝아지고, 더 자신감 있게 학교생활을 했다. 수업시간에 학습활동도 적극적으로 참여하고, 시험기간에는 누구보다 열심히 하는 아이가 되었다. 6개월이 지났을까? 승준이 엄마에게서 전화가 왔다.

"선생님, 승준이가 진로를 바꾸겠대요. 야구선수가 되겠다고 호들갑을 떨었는데, 이제는 스포츠 에이전트가 되겠다고 공부를 더 열심히 해야 된다고 하네요. 야구는 취미로 계속하기로 하고, 선수 훈련은 이제 그만하기로 감독님과 이야기했어요."

승준이는 체격이 왜소하고 체력이 강하지 않았던 터라, 스스로 선수의 길을 포기하고 다른 진로를 택하게 되었다. 또한 친구들의 실력을 보면서 자신이 우물 안의 개구리임을 확인했다고 한다.

6학년 아이의 최대 고민, 진로 문제를 즐기는 법! ✒

꿈이 있다는 것은 스스로 동기부여가 가능하다는 것이다. 아이들과 진로 문제로 갈등하고 있다면, 진지하게 협의하고 허락해주는 것이 좋다. 초등학교 6학년은 진로를 선택하는 시기가 아니다. 진로를 탐색하는 시간이다. 세상에 수많은 직업을 알아가는 과정인 것이다. 부모가 생각하는 진로와 아이의 진로가 다르다 할지라도 기다려주자. 절대 강제로 끌고 가지 마라. 그리고 부모가 생각하는 진로와 관련한 경험, 활동들을 조금씩 지속적으로 보여주자. 부모가 방향을 이끄는 대로 아이는 따라가게 될 것이다.

6학년 아이들의 최대 고민 중 하나가 바로 진로문제다. 무턱대고 "네가 하고 싶은 걸 해봐."라고 말하기보다 "우리 민희는 동생에게 무언가 설명하는 것을 좋아하고, 말하는 것을 좋아하니 선생님, 기자, 아나운서를 하면 잘할 것 같아."라고 말해주는 것이 좋다. 대학교를 진학하기 전까지 아이들은 미성년자다. 아직 아이는 스스로 의사결정을 하기에 미숙한 부분이 많다. 그렇다고 해서 부모의 생각대로 강요할 수는 없지만, 부모가 아이에게 세상의 보여주고 싶은 부분을 선택적으로 보여줄 수 있다. 결국 부모가 찰흙 상태인 아이를 어떠한 작품으로 만들어가는 것이다.

아이가 어떠한 성격 유형인지, 아이의 심리 상태는 어떠한지 등을 파악하기 위해 MBTI, 애니어그램 검사를 실시해보자. 아이의 학습 스타일과 성향을 파악하는 것은 자기주도학습 역량검사를 통해 가능하다. 언어, 수학, 운동, 공간, 자연, 자기성찰, 인간친화 등의 지능에 대한 능력을 파악해보는 검사로는 다중지능검사가 있다. 이것을 아이의 진로방향에 대한 참고자료로 활용할 수 있다. 커리어넷(www.careernet.re.kr)에서 제공하는 진로탐색 프로그램, 진로 심리검사 등은 무료로 활용할 수 있다.

이제 중학생,
6학년으로 시간을 되돌린다면?

초등학교를 갓 졸업한 중학생들이 6학년 담임을 많이 찾아온다. 중학생이 된 아이들은 초등학교 시절의 향수를 떠올리며, 뒤늦은 후회와 안타까움을 이야기한다.

"선생님, 6학년 때로 돌아가고 싶어요. 중학교는 공부할 것도 많고 제대로 놀지도 못해요."

"중학교 성적표는 너무 잔인해요. 반 등수, 전교 등수까지 나와요. 엄마는 등수에 아주 민감해요."

"선생님, 학교를 마치고 학원에 다녀오면 10시가 넘어요. 6학년 애들이 너무 부러워요."

==불과 6개월 전에 초등학교 교실에 앉아 있던 아이들이었는데, 중학== ==교로 진급하면서 많은 변화들을 느끼고 무엇보다 시간을 되돌리고== ==싶어했다.==

"그럼 너희들이 만약 6학년으로 되돌아간다면 무엇을 제일 하고 싶은데?"

선생님 질문에 아이들은 하나같이 같은 대답을 내놓았다.

"실컷 놀고 싶어요. 온종일 컴퓨터 게임을 하고 싶어요. 놀이동산도 가고, 아이돌 가수 콘서트도 가고, 여행도 가고, 잠도 마음껏 자고 싶어요."

아이들은 놀아도 또 놀고 싶어한다. 실제 일주일에 체육과 사회 수업이 똑같이 3시간씩 배정되어 있어도, 사회 시간은 많게 느껴지고 체육은 너무 적게 느껴진다고 말한다.

"놀고 싶은 것. 좋아, 또 다른 건 뭐야?"

처음에는 어린아이들같이 마냥 놀고 싶다고 하던 아이들이 차분히 중학교 생활을 하면서 아쉬운 부분들을 하나둘씩 이야기하기 시작했다.

"선생님, 제가 6학년이라면 도서관에서 하루 종일 책을 읽을 것 같아요. 중학교에 올라가니까 6학년 때와 과목 수는 별 차이가 없는데 공부양이 많아지고, 내용도 어려워졌어요. 수업을 듣다 보면 '책 좀 읽을 걸' 하는 후회가 돼요. 특히 사회, 역사 과목을 공부하면 더욱 그

런 것 같아요. 제가 독서양이 많지 않다 보니 어휘력이 부족해요. 한
자로 된 단어를 잘 이해하지 못하는 것 같아요."

"저는 여유롭게 운동할 것 같아요. 탁구를 좋아하는데, 6학년 때 시
작했으면 지금쯤이면 게임을 즐길 정도로 기본기는 다 익혔을 거거
든요. 전 스트레스가 쌓일 때 운동으로 풀고 싶어요. 그래서 지금 탁
구를 시작하긴 했는데, 엄마가 성적 걱정 때문에 운동 시간을 조금
줄이라고 하시니, 당연히 탁구를 배우는 속도도 더뎌져요. 그런 점이
많이 아쉬워요."

"선생님, 저는 체험학습을 많이 못한 게 아쉬워요. 중학생들도 체
험학습을 하긴 하는데, 친구들도 각자 바빠서 함께하기 어렵고, 저도
'다른 친구들은 도서실에서 공부하는데'라는 생각에 마음이 편하지
않아요. 초등학교 때는 그래도 성적 부담이 덜하잖아요."

마지막으로 6학년 때 모범생으로 칭찬이 자자했던 인수가 이야기
를 꺼낸다.

"제가 6학년이었다면, 중학교 수학을 미리 공부했을 것 같아요. 다
른 과목은 학교 수업을 따라가는 데 별 무리가 없어요. 그런데 수학
은 학교 진도에 따라가기에 급급하다 보니 심화학습이 잘 되지 않아
요. 그러다 보니 시험에서 나오는 어려운 문제들을 맞히기가 쉽지 않
아요. 다른 과목도 공부해야 해서 수학에만 매달릴 수도 없고, 방학
때 심화학습을 하기는 하는데, 예습을 충분히 하지 못해서 학교 진도

를 따라가는 학습이 반복되거든요. 6학년으로 돌아가면 한 학기 정도의 수학공부는 미리 해둘 것 같아요."

아이들의 이야기에서 아이다운 순수함도 느꼈지만 동시에 아주 현실적인 생각을 들을 수 있었다. 그렇다면 중학생 학부모들의 생각은 어떨까?

"선생님, 6학년 때 아이랑 더 친해졌으면 하는 후회를 많이 해요. 중학생이 되니 예전처럼 대화하는 시간도 많지 않을 뿐더러, 아이가 하려고 하지도 않아요. 아이와 같이 여행도 더 다니고, 취미도 공유하면서 공통 관심사를 많이 만들었으면 싶지요."

"중학교에 와서 성적을 받아 보니, 아무리 열심히 해도 따라잡을 수 없는 아이들이 있어요. 바로 독서광인 아이들이에요. 문장 이해력, 논리력, 어휘력 등에서 다른 아이들하고 월등하게 차이 나지요. 독서 능력이 하루아침에 완성되는 것이 아니라서 큰 벽처럼 느껴져요. 지금부터라도 아이의 학원을 줄이고, 책 읽기를 많이 시키고 있는데 조금 더 일찍 했으면 하는 후회가 있어요."

"6학년으로 돌아간다면, 방학 동안에 해외여행이나 영어프로그램에 참여시켰을 것 같아요. 우리 애는 영어 공부를 왜 해야 하는지를 이해하지 못해요. 그래서 이번 방학 때 해외에 보내려고 하는데, 사춘기라 그런지 낯선 환경에 잘 가지 않으려고 해요. 겨우 설득해서 보내네요."

학부모들의 이야기를 들어보면 아이의 현재 부족한 부분을 바라보며 한숨을 쉬는 경우가 많았다. 중학교 1, 2학년과 초등학교 6학년. 나이 차가 크지는 않지만 배우는 것이 다르고, 성장기에 있는 아이들이라 사고의 폭에서 차이가 크다.

앞서 6학년의 아이를 말랑말랑한 찰흙이 서서히 굳어가는 시기로 비유했다. 완전히 굳어버린 찰흙 작품은 뒤늦게 수정하다가 부러지기 때문에 강제로 힘을 가해서는 안 된다. 그러나 아직 굳지 않은 찰흙 작품은 얼마든지 가다듬을 수 있다. 마찬가지로 6학년 아이들은 여전히 변화의 가능성이 가득하다. 아이들이 꿈을 위해 정진해나갈 수 있도록 부모가 길잡이의 역할을 해주어야 한다. 현재 우리 아이의 강점은 무엇이고, 약점은 무엇인지 객관적으로 살펴보자. 그리고 아이의 자기계발을 위해 약점을 보완하고, 강점을 더욱 부각시키도록 노력하자.

국제중학교에
도전해볼까?

교육 수요가 다양해지면서 다양한 특성화 중학교가 생겨났다. 이 가운데 부모들의 관심을 가장 끄는 것은 국제중학교다. 교육과정 운영이 자유로운 국제중학교는 외국 명문학교의 교육과정과 방법을 도입해 운영한다. 또한 대부분의 교육과정을 영어로 진행하며 영어 외에 중국어, 일본어, 스페인어 등 제2외국어에도 중점을 둔다.

"선생님, 우리 아이가 국제중학교 진학을 두고 고민이네요. 관심은 있는데 선뜻 결정을 내리기가 쉽지 않아요."

"학교에 대해서는 좀 알아보셨어요?"

"이제 입학설명회를 가보려구요."

"가장 중요한 것은 학교 정보를 충분히 이해한 후, 아이가 최종적으로 결정해야 하는 것이지요. 부모의 욕심에 이끌려 국제중학교에 갔다가, 아이가 학교생활에 만족하지 못한다면 부모에 대한 적대감과 좌절을 겪게 될 거예요. 부모는 한 걸음 물러서야 합니다. 아이에게 학교에 대해 자세히 소개하고, 국제중학교에 다니는 선배와 대화시간을 마련해주는 등의 노력만 기울이세요. 조금은 객관적인 입장에서 아이를 바라봐야 해요. 주위 사람들, 담임교사에게 조언을 구하는 건 물론이고 '우리 아이가 잘 적응할 수 있을지'란 물음을 가지고 접근해야 합니다."

국제중학교를 선택하는 부모들의 유형은 크게 세 가지다.

하나는 아이가 외국에서 유치원, 초등학교를 보낸 경우다. 일반적으로 해외체류기간이 총 3년이 넘으면 한국에 거주하는 외국인의 자녀가 다니는 외국인학교에 입학이 허용된다. 외국인학교를 보내느냐, 국제중학교를 보내느냐를 고민하기도 하고, 해외체류기간이 3년이 되지 않은 부모의 경우, 외국인학교와 비슷한 국제중학교를 선호한다.

또 하나는 향후 특수목적고, 명문대학 진학이 좀 더 용이하지 않을까 하는 생각에서 국제중학교를 고려하는 경우다. 그런데 이러한 생각은 재고해볼 필요가 있다. 국제중학교에서는 진학지도가 아닌 진로지도에 역점을 두므로 절대적으로 유리한 것은 아니다. 단지 영어 노출 시간이 많아 외고 입학에 필요한 공인영어점수 취득, 영어면접 같은 산을 조금 편하게 넘을 수 있다는 점 정도다.

마지막으로 우수한 교육환경을 손꼽는다. 여기서 교육환경이란 우수한 학생들과 함께 공부하면서 선의의 경쟁으로 발전해나간다는 점이다. 힘든 공부를 하는 데 든든한 동반자가 있다면 서로 끌어주면서 윈윈할 수 있다. 그러나 아이의 실력이 다른 친구들보다 많이 뒤쳐진다면 환경에 적응하는 데 걸림돌이 될 수 있음을 명심해야 한다.

성적이 좋은 친구들이 모두 국제중학교에 가는 것은 아니다. 5학년 1.2학기, 6학년 1학기 성적으로 국제중학교 전형을 치른다. 유민이의 경우, 3학기 모두 흠잡을 데 없는 우수한 성적을 받았다. 영어 실력도 우수해서 국제중학교에 지원하지 않을까 생각했다. 그러나 아이와 부모의 생각은 확고했다.

"중학교 때부터 너무 힘들게 공부하고 싶지 않아요. 국제중학교도 여러 이점이 있지만 유민이는 중학교에 가서 교육청 또는 대학기관에서 운영하는 영재반에 들어가는 게 목표예요. 유민이 역시 자기가 좋아하는 '수학' 분야에 대해 깊게 공부하고 싶어하거든요. 국제중학교는 아무래도 교육과정이 영어와 인문 쪽에 치우쳐져 있으니 유민이가 바라는 공부와는 지향점이 다르죠."

그렇다. 실제 2012년 서울의 A 국제중학교 졸업생의 진학상황을 살펴보면 졸업생 152명중 과학고 5명, 외고에 57명, 자율형 사립고 57명 진학한 것으로 나타났다. 아이가 원하는 공부가 어떤지에 따라 국제중학교에 진학하기 적합한지를 가늠해볼 수 있다.

국제중학교 진학하기 전에 반드시 해야 할 것들! 🖋

중학교 진학을 고려할 때 3가지 사항을 염두에 두었으면 한다.

첫째, 다양한 형태의 학교 가운데, 아이가 행복하게 공부할 수 있는 학교가 어딘지를 생각했으면 한다. '누가 어디가 좋다고 하더라.' '공부를 잘하니까 당연히 국제중학교에 가야지.' 같은 소문과 분위기에 휩쓸려 선택해서는 안 된다. 학교가 싫으면 선생님도 싫어지고, 친구들도 싫어지며 학교의 모든 교육활동에 애정이 가지 않는다. 아이가 스스로 학교에 자부심을 갖는다면, 학교의 작은 결점들은 자연스럽게 덮어질 것이다.

따라서 국제중학교에서 어떠한 교육과정을 운영하는지, 수업의 형태는 어떠한지 유심히 살펴볼 필요가 있다. 영훈국제중학교, 대원국제중학교, 청심국제중학교의 경우 학교마다 약간씩 차이는 있지만 공통적인 부분이 있다. 그것은 다음과 같다.

1. 국어와 한국사 과목을 제외한 대부분의 교과목을 영어로 하는 이머전

(immersion) 수업을 진행한다.

2. 교사가 무언가를 가르쳐주는 학습보다, 학생이 스스로 물음에 대한 답을 찾아가도록 동기를 부여한다. 아이 스스로 자료를 찾고 정리한 후 발표하는 프로젝트 수업으로 진행된다.

3. 학생이 자신의 학습계획을 짜고 실천하는 자기주도적 학습을 강조한다.

4. 마지막으로 어떠한 주제에 대한 해답을 제시하기보다 학생들 간의 자유로운 토론과 토의로 문제해결을 이끌어낸다.

둘째, 단순히 중학교 진학만 바라보지 말고 고등학교, 대학교, 이후 직업에 대해서도 진지하게 생각해볼 필요가 있다. 즉 꿈 너머의 꿈도 살펴봐야 한다. 진학의 틀이 아닌 거시적인 관점에서 삶의 로드맵을 생각하면 의외로 쉽게 답을 찾을 수 있다. '최고의 학교, 참 좋은 학교'는 정말 주관적인 것이다. 아이가 신 나게 공부하고 학교에 다니는 즐거움을 느낀다면 그곳이 명문학교인 것이다.

학부모에게 자주 받는 질문이 "선생님. 우리 애는 꿈이 과학자인데, 국제중학교에 진학하는 게 그리 도움되진 않겠죠?"이다. 대부분의 수업이 영어로 진행되는 학교이다 보니, 인문계열 중심의 학교이지 않을까 생각할 수도 있다. 그러나 중학교는 인문계열, 자연계열로 나누어져 있지 않으며, 일반학교와 마찬가지로 수학과 과학수업도 동일하게 진행한다. 그리고 학생들의 동아리 활동이 활성화된 학교이기 때문에 관심사가 비슷한 친구들끼리 함께 모여 연구하고 특정 대회에 참가하기도 한다.

셋째, 반드시 학교 진학에 대한 결정은 부모가 아닌 학생이 해야한다. "6학년은 아직 어린 나이야. 그러니까 엄마 아빠 말을 듣고 해봐. 다 너 잘되라고 하는 거야." 식의 선택은 위험하다. 만약 아이가 국제중학교에 진학한 후 학교과정을 따라가는 데 급급하고, 공부에 어려움을 느낀다면 누구 탓을 하겠는가. 스스로 결정해도 어려운 난관에 봉착했을 때 흔들리는 것이 사람인데, 6학년 아이들이 어리다는 이유로 하나에서 열까지 부모가 결정해버린다면 큰 후회를 가져올 수 있다.

"그러니깐 내가 국제중학교에 가기 싫다고 했잖아. 엄마 아빠 맘대로 결정한 학교잖아. 난 학교생활이 정말 재미도 없어! 전학시켜줘!"란 아이의 투정이 현실이 되지 않으려면, 부모는 주변의 사례와 미래 청사진을 보여주며 충고하는 정도에서 끝내야 한다.

"지원아, 하루 정도 생각해보고 엄마 아빠한테 결정한 걸 알려줄래?" "지원아, 국제중학교는 어떤 것 같니? 한 번 지원해볼래?"란 말로 마지막 결정은 아이의 입에서 나오도록 해야 한다.

중요한 결정을 할 때 주위 사람들의 의견을 듣고 마음이 흔들리는 경우가 많다. 그러나 가장 중요한 사람은 실제로 학교생활을 할 '우리 아이'임을 명심해야 한다. 아이의 입장과 생각을 가장 존중해주면 된다.

참고로, 국제중학교를 지원할 때 아이들은 자기계발계획서 또는 학업계획서 등을 작성한다. 이때 자신의 교우관계, 리더십, 모범적인 학교생활 등에 대해 쓰게 된다. 또한 자신이 국제중학교 공부를 마치고 추후 어떠한 미래의 청사진을 그리는지도 서술해야 한다. 마지막으로 자신이 가장 감명 깊게 읽은 책 한 권을 선정해서 느낀 점과 자신의 미래계획을 결부시켜 자유롭게 서술하는 질문이 있다. 따라서 지원하려는 학교의 최근 2년간 질문 내용을 확인해본 뒤 답안을 미리 작성해보고, 보완해 나가는 것이 필요하다.

6학년 엄친아들에게 물었습니다!
- 바람직한 친구 사이

질문 4) 만약 친구관계에서 갈등이 생겼을 때 누구와 상담하고, 어떻게 해결하는지에 대해 말해주세요. 그리고 원만한 친구관계를 위한 노하우를 알려주세요.

BEST1) 부모님과 의논하고 적절한 해결방법을 찾는다. 좋은 친구관계를 유지하기 위해 친구들이 한 친구를 험담할 때 아무 말도 하지 않고 가만히 있는다. 그리고 친구들의 말을 다른 사람에게 옮기지 않는다.

BEST2) 갈등관계에 있는 친구와 대화시간을 가지고, 경청하려고 한다. 마음을 가라앉히고 내가 잘못한 점과 섭섭했던 점에 대해 이야기한다. 만약 용기가 나지 않으면 편지를 써서 친구와의 문제를 해결한다. 원만한 친구관계를 위해 아무리 친한 친구라도 함부로 대하지 않는다.

BEST3) 친구관계의 갈등은 친구들끼리 고민하려고 한다. 이때 상대 친구를 험담하기보다는 해결방법을 함께 논의하려고 한다. 무작정 친구들을 내 편으로 만들려고 하다 문제가 더 커진 경우도 있었다. 따라서 친구들에게 도움을 요청하고 용기 있게 해결하고자 노력한다. 좋은 친구관계를 유지하기 위해 친구들 사이에서 늘 중립을 지키려고 노력한다.

질문 5) '행복한 초등학생이란 _____ 학생이다.' 문장을 완성해주세요.

BEST1) 가족의 사랑을 듬뿍 받고, 정말로 자기가 하고 싶은 것을 즐기며 생활하는 학생.

BEST2) 부모님께 사랑받고 학교에서 친구관계가 좋고 성적이 우수한 학생.

BEST3) 성적, 성격, 친구문제에서 자유로운 학생.

6학년

유비무환, 방학은 터닝포인트!

5장

6학년의 황금시간,
방학을 이렇게 보내자!

"초등학교 6학년 방학을 어떻게 보내면 좋을까요?"

"우리 아이가 이번 방학 때 꼭 해야 할 공부가 있다면 무엇일까요?"

6학년 담임을 하면서 종종 자녀교육에 관심이 많은 학부모에게 위와 같은 질문을 받는다. 그렇다면 초등학교 6학년의 방학은 어떻게 보내야 할까?

여름방학이든 겨울방학이든 꼭 해야 할 것이 있다. 방학 동안 부족한 공부를 보충하고 다음 학기의 공부를 하는 것도 좋지만 가장 중요한 것은 공부에 대한 의미를 찾는 것이다. 왜 자기가 공부해야 하는지, 어떠한 미래를 꿈꿀 것인지를 생각해보는 시간을 반드시 가져야 한다. 다시 말해, 목표를 세우는 시간이고, 목표를 더욱 분명하게 하는 시간이다.

건축가가 꿈인 아이라면, 건축박람회를 돌아보거나 한옥과 빌딩, 특이한 건물을 돌아보는 것도 좋겠다. 또한 건축에 관한 책을 찾아보고 관련 일을 하는 사람과 대화해볼 기회를 갖는 것도 중요하다. 학기 중에는 시도해보기 힘든 목표와 관련된 책, 꿈, 사람 그리고 경험을 해보는 것이다.

이것은 자동차 엔진의 성능을 높이는 것과 같다. 경차의 엔진과 대형차의 엔진은 분명 날 수 있는 속도가 다르지 않은가? 꿈에 관한 기회를 가지면서 아이는 공부를 더욱 신 나게 해나갈 터보 엔진을 장착하게 되는 것이다. 6학년은 누군가의 강요와 지시로 공부하기보다 차츰 자신의 목표를 두고 공부해나가는 방향으로 바뀐다. 물론 강압적인 분위기에서라도 공부는 가능하겠지만 효과성은 스스로 공부 의미를 느끼고 하는 것과 확연한 차이가 있다. 6학년 방학 때, 머릿속으로만 그리던 꿈에 천천히 다가가는 것이 꼭 필요하다. 아이가 스스로 무엇을 공부하고 준비할지에 관한 내적동기를 갖는 데 관심을 기울여야 할 것이다.

그럼, 이제 6학년 여름방학과 겨울방학을 나누어서 시기별로 꼭 해야 할 것들을 정리해보겠다.

6학년 여름방학,
아이의 학습 보완과
더불어 추억 선물까지!

자, 황금 같은 여름방학이 시작되었다. 아이가 초등학교 시절에 보내는 마지막 여름방학이다. 이 반짝반짝 빛나는 금 같은 시간을 어떻게 보내야 할까?

여름 동안 반드시 한국사를 잡자

먼저 아이가 한국사에 대한 흐름을 갖기 위해 한국사 도서를 일독 (一讀)시키자. 현재 7차 개정교육과정에서 한국사는 5학년 1학기 때 배우는 사회 과목에 포함되어 있다. 그리고 6학년에서는 더 이상 한국사에 대해 배우지 않는 것으로 교육과정이 짜여 있다. 청동기, 신석기 시대를 시작으로 근현대사까지의 역사 흐름이 나온다. 이 방대한 역사를 초등학생이 5학년 1학기 딱 한 학기 동안만 공부해서는 이해하기가 쉽지 않다. 게다가 역사 교과서의 분량은 100페이지 남짓이며, 초등학교 교과서라서 사진이 많이 실려 있다. 그렇다 보니 아이들이 줄글을 읽으며 역사를 이해하는 데는 한계가 있다. 다시 말해, 한 학기 동안 일주일에 3시간씩 공부해서 반만년 역사의 흐름을 잡는다는 것은 어려운 일이다. 수박 겉핥기식의 수업전개가 불가피하다.

실제로 6학년 아이들에게 '고려시대'라는 주제로 브레인스토밍을 시켜보았다. 청자, 직지, 삼별초…… 정도를 이야기하고 조금 더 역사공부를 한 아이는 공민왕, 위화도 회군까지 이야기한다. 조선시대 역시 마찬가지다. 세종대왕, 규장각, 을사조약, 갑신정변 정도까지다. 그런데 갑신정변이 무엇인지 간략하게 설명해보라고 하면 용어는 들어보았지만 무엇인지 잘 모른다고 답하는 아이가 대다수다. 즉, 아이들이 역사를 배우긴 하였으나 지식의 파편처럼 점 형태로 기억하는 것이다. 역사공부에서 중요한 것은 '흐름'이다. 그러나 아이들은 그러한 학습이 되어 있지 못하다.

따라서 여름방학을 이용해서 역사에 대한 흩어진 지식들을 체계적으로 잡아줄 필요가 있다. 즉 한국사에 관한 책 읽기는 6학년 아이가 반드시 해야 할 것 중의 하나다. 일전에 고등학교 한국사 선생님과 대화를 나눈 적이 있다.

"고등학교에서 한국사 시험을 치르면 머릿속에 역사 흐름을 가진 아이들은 교과서를 두세 번 읽고 시험을 봐도 고득점을 맞아요. 그러나 역사 흐름이 잡히지 않은 아이들은 아무리 외우고 공부해도 점수에 한계가 있어요. 역사 때문에 힘들어하는 친구들을 볼 때마다 안타까워요. 고등학생들에게 한국사 책을 펴놓고 천천히 읽어보라고 많이 권하는데, 이 시기 아이들에게 마음의 여유가 있어야 말이지요. 남들은 수능 준비하고, 모의고사를 준비하는데 분량이 많은 한국사 책을 마음 편히 볼 수 없다고 하더라고요. 초등학교 때 한국 역사를 한 번 훑어보고 오는 것은 두고두고 큰 재산이죠."

그렇다. 한국사의 흐름을 잡는 것은 세계사 공부의 기초체력이 된다. 실제 한국의 상황은 주변국의 상황, 더 나아가 세계의 상황과 떼어놓고 이야기할 수 없기 때문이다. 시험 문제도 한국사와 세계사가 통합된 형태의 문제가 많이 출제된다.

6학년 학생들이 한국사를 쉽게 이해할 수 있고, 사진 자료가 풍부해서 한국사에 흥미를 느낄 수 있는 책을 몇 권 추천한다. 박은봉 선생님이 자녀들에게 역사 이야기를 들려주는 문체로 쓰인 《한국사 편지》(책과함께어린이)는 총 5권으로 이루어졌다. 삽화와 사진 자료가 풍부하고, 초등학생들에게 생소한 단어는 각주를 달아 한자풀이와 의미 설명을 덧붙여서 술술 읽을 수 있다. 《용선생의 시끌벅적 한국사 세트》(사회평론) 역시 어린이들을 대상으로 쉽고 짜임새 있게 한국사를 설명해놓은 책이다. 총 8권으로 구성되어 있고 그림과 삽화 도표 등이 많으며 중간 중간에 내용을 정확히 이해했는지를 확인하는 퀴즈도 있다. 만약 아이가 줄글로 책을 읽는 걸 부담스러워한다면 만화로 구성된 책 《이현세 만화 한국사 바로보기 세트》를 추천한다. 한국사에 거부감이 있는 학생이라면, 먼저 친근감을 가질 수 있도록 이 책을 읽으면서 흐름을 잡는 것도 좋겠다.

덧붙여, 여름휴가 기간에 아이가 읽은 한국사 책의 이해를 돕고, 생생한 현장감을 주기 위해 역사기행을 떠나는 것도 좋다. 서울 암사동의 선사유적지, 공주 부여지역의 백제문화권, 경주의 신라문화권이 대표적이다. 직접 책을 들고 사진에 소개된 유물, 유적지를 보면서 그곳에 얽힌 역사적 사실을 읽어본다면 아이에게 분명 오래도록 기억되는 살아 있는 공부가 될 것이다.

수학 선행학습을 하자

6학년 여름방학 때 꼭 해야 할 것 중 두 번째는 수학 선행학습이다. 선행학습이 무조건 나쁘다는 생각은 옳지 않다. 선행학습은 과목마다, 아이의 학년에 따라 좋을 수도 나쁠 수도 있다. 7차 교육과정부터

방정식을 비롯하여 중학교 수학 내용이 초등학교 6학년으로 내려오고 있다. 이에 따라 수학공부의 난이도 역시 자연스럽게 높아졌다.

또한 6학년 아이들이 이해하고 익혀야 할 수학 내용도 이전보다 많아졌다. 따라서 아이가 수업시간에 수학 개념을 처음 접하고 바로 이해하기란 쉽지 않다. 실제 연비와 비례배분이 9차시로 구성되어 있다. 이때 차시란, 해당 단원에 배정된 전체 수학시간을 말한다. 9차시라면 이 단원에 대해 수학 수업이 9번 진행된다는 것이다. 그런데 종종 아이들이 연비와 비례배분에 대한 수업이 마지막 9차시가 되었는데도 제대로 이해하지도, 계산하지도 못하는 경우를 본다. 아이가 기본 수학능력이 부족하다고도 할 수 있지만, 실제로 연배와 비례배분이라는 용어와 개념, 계산법이 처음 듣는 아이에게는 이해하기 힘든 단원이기도 하다.

수학과목을 적당히 선행학습하는 건 아이에게 학습 자신감을 심어준다. 선행학습을 한다는 것은 앞으로 오를 등산로를 한 번 걸어본 것과 같다. 처음에 등산로를 걸을 때는 목표를 향해 정신없이 앞으로 가는 것에만 초점을 두었다면 다음 등산 때는 한층 여유 있게 주위를 둘러보면서 갈 수 있다. 마찬가지다. 수학 선행학습은 아이에게 수학에 대한 여유와 자신감을 준다. 아이가 선행학습을 한 후, 학교 진도에 맞춰서 심화학습을 하는 전략이 효과적이다.

학년이 오를수록 아이들이 가장 힘들어하는 과목이 바로 수학이다. 외워서 해결되는 과목이 아니기 때문이다. 아이들이 수학공부가 가장 힘든 이유는 이해가 되지 않아서라고 한다. 아이가 한 학기 정도의 선행학습을 하면 다른 과목 공부에도 여유와 자신감을 갖게 된다. 방학을 이용해서 6학년 2학기 수학공부를 차근차근 가능한 한 많이 해보는 것이 좋다.

선행학습 방법으로는 무작정 문제를 많이 푸는 것보다 하나의 문제집, 참고서를 선정해서 그 한 권을 제대로 이해하는 방식이 더 좋다. 아이의 특성에 따라 학원이나 과외를 선택할 수도 있고, 최근에는 인터넷 강의나 EBS를 선택하는 아이들도 늘고 있다. 학원이나 과외의 경우 모르는 것을 물을 수 있다는 장점이 있지만, 한 번 지나간 강의에 대해 다시 들을 수 없고 결석할 경우 다음 수업을 이해하는 데 어려움이 있다. 따라서 나는 아이들에게 인터넷 강의를 많이 추천한다. 아이 스스로 학습계획을 짤 수 있고, 소위 공인된 교사가 체계적으로 지도하기 때문이다. EBS 강좌는 인터넷에서도 무료 수강이 가능하다. 그리고 기타 인터넷 강의 사이트에서 샘플 강의를 들어보고 아이랑 수업 스타일이 맞는 선생님을 골라 듣는 것도 좋다. 아이가 혼자 듣는 것을 지루해하고, 자꾸 딴짓을 한다면 친구들 2~3명이 시간을 정해 함께 듣는 것도 좋은 방법이다.

6학년 여름은 가족과 함께 여행을 떠날 시간! ✎

마지막으로, 6학년 여름방학 때 해볼 것은 가족과 함께 떠나는 해외여행이다. 굳이 해외여행이라고 이야기한 이유가 있다. 아이들에게 물었다.

"가족과 가장 행복한 시간을 보낸 적은 언제입니까?"

이 질문(2013년 서울, 경기 초등학교 6학년 설문조사)에 1위가 단연 해외, 국내여행(48%)이었다. 2위는 생일파티(26%), 3위는 외식할 때였다. 실제로 아이들의 이야기를 들어보면, 비행기를 타고 해외에 다녀온 추억을 인상 깊게 생각하고 있었다.

"선생님, 저는 가족들이랑 일본에 가서 배낭 메고 시장을 돌아다녔어요. 손잡고 구경하고 음식 먹었던 것이 가장 즐거운 기억이에요."

사람은 평소 생활 반경을 벗어나 새로운 곳을 가면 자연스럽게 옆 사람을 의지하게 된다. 그리고 자연스럽게 끈끈한 관계가 만들어진다. 그렇다. 아이들은 낯선 환경이 즐겁기도 하지만 다소 두려운 마음도 있다. 그러나 든든한 부모님을 의지하며 즐기는 것이다.

중학교에 진학하면 초등학교 때보다 학습량도 많아지고, 방학기간에도 보충하고 준비해야 할 공부들이 많다. 따라서 초등학교를 졸업하기 전에 6학년 방학 동안 해외여행을 다녀오는 것은 꼭 필요한 추억 선물이다.

"엄마 아빠랑 별로 여행 가고 싶지 않아요."

"엄마 아빠랑 여행 가면 재미없어요."

6학년 아이들은 부모님과 여행 가고 싶어하지 않은 기색도 있다. 자기 시간을 쓰고 싶어하고 자기가 원하는 것을 하고 싶어하는 것이다. 하지만 해외를 여행지로 삼고 아이에게 여행 국가를 정하고, 여행에서 하고 싶은 것을 할 수 있는 권한을 준다면 이야기가 달라진다. 아이도 가족과 함께하는 여행에 흥미를 보이고 동참하게 되는 것이다.

아이가 중학교에 진학하면서 본격적인 학업 스트레스에 시달리게 될 텐데, 이것을 이겨낼 수 있는 힘이 필요하다. 이것을 위한 추억 선물을 줘야 할 것이다. 혹시 돈 때문에, 직장 일 때문에 힘들어서 고민될 수도 있다. 그런데 시간이 지날수록 함께 떠나기 어려운 것이 가족여행이란 걸 명심하자.

6학년 겨울방학,
무사히 중학교에
안착하기 위한 막판 준비!

다음은 중학교 진학이 불과 몇 달 남지 않은 6학년 겨울방학이다. 부모나 아이 모두 이 시기를 초등학교 겨울방학이라고 생각하기보다, 중학교 예비과정이라고 생각한다. 어떻게 해야 별 무리 없이 초등학교 과정에서 중학교 과정으로 무사히 안착할 수 있을까? 겨울방학 때는 아이와 무엇을, 어떻게 하는 것이 좋을지 정리해보았다.

자기주도학습의 습관을 정착시킨다!

초등학교는 담임교사가 하나하나 챙겨주고, 확인해주지만 중학교는 다르다. 아이 스스로 알아서 챙기고 자신의 행동에 책임을 져야 한다. 따라서 기존의 선생님 또는 엄마 주도적 공부를 한 아이라면 서서히 학습 독립과 더불어 생활 독립이 필요하다. 부모가 하나하나 챙겨주던 아이가 중학생이 되었다고 하루아침에 행동습관이 바뀔 리 없다. 그래서 방학을 이용해서 목표를 분명히 하는 작업과 더불어 자신의 학습계획을 짜고, 실천하고, 반성하는 패턴을 습관화할 필요가 있다.

이러한 자기주도적 학습을 습관들이기 위해서 아이가 학습플래너를 쓰는 걸 추천한다. 다음 날 내가 해야 할 공부의 분량, 숙제, 공부 시간계획을 학습플래너에 적어놓는다. 하루를 마치기 전에 자신의 하루를 뒤돌아보며 반성하고 다짐하는 글도 짧게 작성한다.

자기주도학습이 정착되기 위해서 아이와 상의해서 규칙을 정하는 것도 좋다. 현준이네 엄마는 아이의 자기주도학습을 습관으로 만들기 위해 '휴대폰 규칙'을 만들었다고 한다. 현준이 엄마는 아이와 다음과 같은 이야기를 나누었다.

"이제 현준이도 곧 중학생이 되니, 이제 엄마가 챙겨주는 것보다 현준이가 주도적으로 자기 일을 했으면 좋겠다. 초등학교 때처럼 엄마가 늘 잔소리하는 것도 싫고, 이제 중학생이 되었으니 규칙을 정해서 서로 지켜가면서 지냈으면 좋겠구나."

초등학교 6학년에서 중학생이 되는 전환점에서 분위기상 아이와 이러한 대화를 자연스럽게 할 수 있다. 아이 또한 '이제 중학생이 되니 조금 달라져야겠다'는 각오를 가지고 있다. 덕분에 아이도 부담감 없이 부모와 이야기에 참여할 것이다.

"먼저 현준이 생각을 들어보고 싶어. 중학생이 되면서 어떠한 부분을 고쳐야 할까?"

"음. 글쎄……. 게임을 좀 줄여야겠지."

"그래. 현준이가 휴대폰 게임을 많이 하는 편이니까 줄이는 게 좋을 것 같아. 얼마 전에 엄마가 신문을 보니 공부 중에 휴대폰을 켜놓으면 집중력에 방해가 된다고 하더라. 공부하는 와중에 문자나 전화가 오면 뇌에서 학습활동이 이루어지다 갑자기 멈춘대. 집중력 끊임 현상이지. 전화통화를 하고 나서 공부를 시작하더라도, 이전과 같은 집중력을 발휘하려면 10분 이상이 걸린다는 거지.

그리고 게임을 하면 우리는 크게 인식하지 못하지만 뇌에 게임의 장면이 남는 잔상효과가 있다고 해. 그래서 게임을 10분 하면 뇌는 2.5배의 시간(25분 정도) 동안 게임 장면을 기억한다는 거야. 이때는 공부를 해도 능률적인 학습이 될 수가 없겠지. 그래서 집에서는 친구와 급한 연락이 아니라면 휴대폰을 꺼두었으면 좋겠어. 게다가 친구들과 문자나 전화로만 대화하다 보면 오해가 생기는 경우도 많잖아."

"그래도 친구들이 휴대폰을 꺼놓고 있으면 뭐라고 하는데."

"친구들이 너에게 길들여지는 시간이 필요한 거지. '현준이는 집에 가면 휴대폰을 꺼놓는데.'라고 말이지. 엄마가 장담하는데, 휴대폰을 끄면 현준이 시간이 조금 더 늘어나고, 공부시간도 여유가 있을 거야. 이제 중학생이 되었으니 그렇게 해보자."

6학년 아이들 대부분이 휴대폰을 가지고 있고, 몇몇은 최신 스마트폰을 들고 다니며 쉴 새 없이 화면을 들여다본다. 스마트폰과 관련된 나쁜 습관의 고리를 끊기 위한 부모와의 대화가 반드시 필요하다.

이와 더불어, 용돈을 주는 규칙도 활용해봄직하다. 아이가 스스로 계획한 것을 잘 해내고, 목표를 성취할 때마다 스티커를 준다. 스티커가 10개 또는 20개 모이면 용돈을 주는 것이다. 단순히 일주일에 얼마가 아니라, 올바른 행동습관을 기르기 위해 바른 생활을 할 때마다 약속한 금액을 용돈으로 주는 것이다. 이것은 아이의 행동 통제에 있어 좋은 방법이다.

A. 아침에 엄마가 깨우지 않아도 잘 일어나면 스티커 1장.

B. 하루 학습플래너를 성실히 작성하면 스티커 1장.

C. 집에서 휴대폰 전원을 잘 꺼두었으면 스티커 1장.

D. 시험에서 목표한 점수를 성취하였으면 스티커 10장.

E. 책 한 권을 읽으면 스티커 1장(단 엄마의 독서퀴즈 3문제 중 2문제 이상 맞출 때).

F. 엄마, 아빠 심부름을 해주면 스티커 1장 등등.

이러한 규칙을 정하고 칭찬과 더불어 스티커를 준다면 아이는 자연스럽게 좋은 행동이 습관으로 길러진다. 또한 부모에게는 잔소리를 계속하지 않아도 된다는 장점이 있다.

이때 중요한 것은 원칙이다. 어떠한 경우도 그냥 용돈을 주지 않는다는 것 그리고 작은 발전에도 크게 칭찬하며 스티커를 아끼지 않고 준다는 것이다. 어떠한 행동이 습관으로 자리 잡는 데는 21일이 소요된다고 한다. 처음 한 달이 고비다.

중학교 국어와 영어를 준비하자 🖋

두 번째로 6학년 겨울방학 때 꼭 해야 할 것 역시 선행학습이다. 여름방학 때와 마찬가지로 적절한 선행이 필요하다. (수학 선행학습의 필요성은 여름방학 편을 참고하자.) 수학과 더불어 겨울방학 때는 국어와 영어에 대한 선행학습을 해두는 것이 좋다. 중학교에 가면 학습양, 난이도, 그리고 과목의 수도 늘어난다. 이러한 변화에 아이가 잘 적응하기 위한 것이다.

국어는 독서와 연결 지을 수 있다. 겨울방학이면 아직 중학교 배정이 되지 않아서 어느 교과서로 공부하게 될지 모르는 상태다. 그러니 보편적으로 교과서에 많이 실린 제재 글이 모여 있는 책을 골라 읽는다. 대부분 문학에 관한 글이다. 겨울방학 동안에 감상하는 태도로 단편소설에서 수필, 시, 장편소설까지 교과서에 수록된 문학작품을 읽는 것이다.

추천도서로는 창비 출판사의 《국어 교과서 작품 읽기》를 꼽는다. 이 책은 문학의 갈래별로 구성되어 있다. 즉 시(詩), 소설, 수필별로 편집되어 효과적으로 작품을 볼 수 있다. 반면 한우리북스의 《교과서 좋은글 여행 1, 2》은 감동을 주는 글, 교훈을 주는 글, 우리 사회를 변화시키는 글 등, 글의 목적에 따라 구성되어 있다.

교과서는 문학작품의 일부만 담겨 있다. 그러나 작품 전체를 읽는다면, 교과서에 수록된 부분을 한층 깊게 이해할 수 있어서 교과서와 연계된 문학작품을 보는 건 6학년 겨울방학에 꼭 해야 할 과제다.

그리고 영어의 선행학습이다. 초등학교의 필수 영어 단어는 500개다. 중학교의 필수 영어 단어는 1800개다. 무려 4배 가까이 늘어난다. 우리가 독서할 때 모르는 단어 한두 개쯤은 문맥을 통해 이해할 수 있지만 그것이 6개, 7개로 늘어나면 글을 이해하는 데 걸림돌이 된다. 중학교 영어는 문장구조도 어려워지는데, 단어까지 생소하다면 아이가 영어에 대한 흥미는 고사하고 거부감마저 들 수 있다. 따라서 겨울방학 시작과 함께 아이에게 중학교에서 반드시 알아야 하는 영어 단어를 반복해서 익히게끔 해야 한다.

영어 단어를 익힐 때는 눈으로 보고, 입으로 말하고, 손으로 철자를 쓰게 하자. 자신만의 단어장을 만드는 것도 좋다. 종이를 반으로 접어 왼쪽에는 영어 단어, 오른쪽에는 의미를 쓴다. 그리고 종이를 반으로 접어서 또는 손으로 가려서 수시로 자가 테스트(Self-Test)를 하는 것이다. 말하기 공부를 할 때는 가능하다면 정확한 영어 발음을 위해 원어민이 발음 소리를 듣고 따라 해보는 게 좋다.

영어와 가장 쉽게 친해지는 길은 영어 단어를 정복하는 것이다. 문장을 구성하는 단어의 의미를 알면 대략적인 문장의 의미를 알 수 있기 때문이다. 자투리 시간을 이용해 영어 단어를 꾸준히 외우는 습관이 필요하다. 또한 영어 동화를 읽다가 모르는 단어가 발견되면 체크해두었다가 책을 읽은 후 한꺼번에 단어장에 정리해두는 것도 중요하다.

아이의 손 글씨를 바로잡는 마지막 타임!

요즘 초등학생들 가운데 정자로 글씨를 바르게 쓰는 아이들을 찾아보기 힘들다. 예전에는 글씨를 또박또박 쓰는 것이 당연한 것이었지만 이제는 개인의 경쟁력이 될 만큼 흔치 않아졌다. 초등학교를 지나면서 아이들의 필체는 점점 굳어진다. 따라서 6학년 겨울방학, 초등학교를 졸업하기 전에 바른 글씨를 쓰도록 노력한다면 비교적 적은 시간에 교정이 가능하다.

전현무 아나운서가 언론고시의 합격 비결을 예능 프로에서 공개한 적이 있다. 자신이 수백 대 일의 언론고시에 합격할 수 있었던 비결은 바로 '손 글씨'였다고 한다. 수많은 지원자들의 글을 읽는 심사위원들이 가장 먼저 눈길을 두는 것은 내용이기 이전에 바로 글씨다. 내용이 우수하다고 할지라도 악필로 쓰인 글을 인내심을 갖고 끝까지 읽기란 쉽지 않다.

디지털 세대인 아이들에게 글씨 연습이 시대에 뒤떨어진 교육이라고 반문할 수 있다. 그러나 중요한 시험 즉 대학교 논술시험, 고시의 2차 논술, 글짓기 대회, 중, 고등학교에서 진행되는 수행평가 등 아이가 손 글씨로 써야 하는 경우는 무수히 많다.

자신의 글씨조차도 알아보지 못하는 아이, 악필 때문에 힘들어하는 아이들은 방학기간 동안 굳은 각오로 글씨 연습을 시켜보자. 바른 글씨를 쓰기 위해서는 다음의 5가지를 체크한다.

첫째, 연필을 잡는 방법이다. 엄지와 검지로 연필을 잡고 중지로 연필 뒤에서 받친다. 둘째는, 필순이다. 한글을 쓰는 필순이 정해져 있는데도 글씨를 쓰기보다 그리는 아이들이 많다. 특히 'ㅁ', 'ㅂ'의 필순을 엉터리로 쓰는 아이가 많다. 셋째, 자세다. 책상과 배꼽 사이에는 주먹 하나 정도가 들어갈 공간만 두고 앉으며, 종이와 눈 사이 거리는 30~40cm를 유지한다. 마지막으로 글씨를 천천히 쓴다. 악필이 되는 원인은 글씨를 빨리 쓰려는 마음 때문에 성의 있게 쓰지 못하는 것이 많다.

글씨 교정을 위해 추천하는 교재는 《악필교정의 원리》(명필닷컴)다. 펜 글씨 교본이면서 글씨 쓰기의 교본으로 적당하다. 또한 동영상 강의도 있어서 쉽게 학습할 수 있다. 많은 글씨를 쓰기보다 몇 글자라도 또박또박 쓰는 연습을 꾸준히 하는 것이 중요하다. 말했듯이 하나의 습관을 들이는 데 21일이 걸린다고 한다. 방학기간 내내 매일 조금씩 연습하면 분명 변화가 생길 것이다.

초등학교 6학년 방학은 많은 걸 하기보다 계획한 한두 가지라도 착실하게 실천하는 것이 중요하다. 중, 고등학교 방학 때는 마음 편히 독서에 빠질 시간도 충분하지 않을 것이고, 글씨교정에 시간을 투자할 여유도 갖기 힘들 것이다. 따라서 6학년 방학에 역사의 흐름을 잡고, 목표에 대한 확고한 의지를 갖고, 자기주도적으로 공부해나가는 습관을 잡았으면 한다.

덧붙여 국제중학교, 예술중학교, 기타 대안 중학교를 준비했다가 진학하지 못한 아이들의 경우 마음의 상처가 생길 수 있다. 자기가 꿈꾸고 바랐던 학교를 진학하지 못했다는 생각에 일반학교에 적응하기 어려워할 수도 있다. 따라서 부모는 아이의 마음을 어루만져줄 필요가 있다. 다음처럼 아이에게 격려와 더불어 실패의 소중함을 알려주는 대화를 해보자.

"승언이가 목표한 학교에 진학하지 못해 속상할 거야. 그런데 어느 학교에 있든 열심히 학교생활하면 승언이의 꿈인 비행기 조종사가 될 수 있어. 학교가 승언의 꿈을 이루어주는 게 아니라 결국 승언이가 꿈을 이루어가는 거잖아. '전화위복'이라는 말을 알지. 지금의 실패가 더 좋은 결과를 가져올 수도 있는 거야. 곧 진학할 학교에 애정을 가지고 그 학교의 자랑이 되도록 노력해보자."

6학년 학부모를 위한 글을 읽고 어떠한 느낌이 들었을지 궁금하다. 이 책에 나온 자녀교육법은 어쩌면 한 번쯤은 들은 듯한 이야기, 학부모들 사이에서 입으로 전해진 이야기, 그리고 이미 알고 있는 방법들일 수 있다. 세상에 70만 명의 학생이 있다면 70만 가지의 자녀교육법이 존재한다. 자녀교육의 해법은 책이 아닌 아이에게서 찾는 것이다. 주위 사람들의 소문, 책에 나온 여러 가지 조언들은 자녀교육에 도움을 줄 뿐 절대적인 기준이 될 수 없다. 우리 아이를 먼저 파악하고 아이에게서 현명한 답을 찾아야 한다.

이 책을 쓴 이유는 다시 한 번 6학년 아이들을 사랑의 눈으로 바라보며 소망과 희망을 품자는 데 있다. 부모와 아이 모두가 행복하려면 부모가 현명해야 한다. 아직 성숙하지 못한 아이 때문에 불행한 것이 아니라, 늘 변함없이 아이를 사랑하는 모습을 지니려는 부모의 노력이 부족해서 불행한 것이다. 이 책을 통해 현명한 부모가 되기 위해 자기 혁신과 변화에 대한 결단이 생기기를 기대한다.

유영만 한양대 교수는 그의 저서 《체인지》(위너스북)에서 진정한 변화(Change)를 이끌기 위해 체인지(體仁知)를 강조한다. "체(體)는 마음가짐의 변화보다 몸의 변화 즉 행동의 변화를 강조한다. 인(仁)은 어진 생각과 현명한 판단으로 다른 사람의 마음을 공감하는 능력을 강조한다. 지(知)는 행동의 변화와 다른 사람의 공감을 통해 탄생하는 것이 진정한 지식이라는 의미다. 이것을 자녀교육에 적용해보면 책을 통해, 주의 사람들의 격려를 통해 결심하기 전에 먼저 내 손과 발이 변화해야 하는 것이다. 그리고 넓은 마음과 사랑스러운 눈빛으로 아이를 바라보며 아이 입장에서 생각하고 공감하는 것이 필요하다. 이러한 변화의 과정이야말로 자녀교육에 관한 진정한 변화의 출발이며, 양육방법의 지식이 되는 것이다.

소니코리아(Sony Korea)에는 '아이베스트(IBEST)'라는 변화경영 프로젝트가 있다. 직원들이 스스로 자기 자신부터 바꾸어 나가자는 생각에서 출발한 프로젝트다. 이때 'I'는 나부터, 'B'(Basic)는 기본으로 돌아가자는 것, 'E'(Easy)는 쉬운 것부터, 'S'(Small)는 작은 것부터, 'T'(Today)는 오늘부터라는 의미다.[8] 나는 이 책으로 자녀교육의 부모 변화경영 프로젝트가 시작되길 기대한다. 변화는 거창한 것이 아니다. 특별한 사람들이 하는 것도 아니다. 변화의 길은 한 번도 가보지 않은 길이라 시작이 가장 어렵다. 그러나 처음이 어려울 뿐이다. 한 번 가본 길

---

8) 조선일보 2012. 11. 22 경제면 기사 참조.

은 쉽지 않은가.

변화무쌍한 6학년 아이들의 감정 상태와 달리, 부모는 평정심을 잃어서는 안 된다. 자신을 다스리는 연습을 하고 아이의 잦은 짜증에 휘둘리지 않도록 노력하자. 아이에게 잔소리를 하는 것보다, 부모가 먼저 행동으로 모범을 보이고 아이가 천천히 따라와주길 기대하는 것이다. 부모가 마음이 편안하고 여유를 가진다면 아이 역시 그렇게 바뀔 것이다. 작은 것부터, 당장 시작할 수 있는 쉬운 것부터 말이다. 이제 중학생이 될 아이를 바라보며 처음 아이를 만나 좋은 부모가 되어야겠다고 다짐했던 초심으로 돌아가자. 그리고 아이가 아닌 부모나 자신부터 변하겠다고 다짐하자. 그리고 오늘부터, 지금 당장 시작해보자.